Tanja Haase

Bergedorfer® Morgenkreis-Geschichten

# 50 kleine Geschichten für Geburtstagskinder

## Anregende Texte zum Vorlesen und Weiterarbeiten

## 2./3. Klasse

Persen Verlag

**TANJA HAASE**
Jahrgang 1967, ist Autorin, Regisseurin, Schauspielerin und
Theaterpädagogin. Beim Persen Verlag sind von Tanja Haase
zahlreiche Bücher mit Theaterstücken, Erzählungen und
Gedichten erschienen.

Gedruckt auf umweltbewusst gefertigtem, chlorfrei
gebleichtem und alterungsbeständigem Papier.

1. Auflage 2014
© Persen Verlag, Hamburg
AAP Lehrerfachverlage
Alle Rechte vorbehalten.

Grafik:    Nataly Meenen
Satz:      Satzpunkt Ursula Ewert GmbH, Bayreuth

ISBN 978-3-403-23394-7

www.persen.de

# Inhaltsverzeichnis

## 50 kleine Geschichten für Geburtstagskinder

### Uffu und die Datenklaubande

# Vorher gesagt

## Die Handhabung der Geburtstags-Geschichten

Die Geschichten sind als Geschenke für die Geburtstags-kinder gedacht und können ihnen (und den anderen Kindern) zu diesem Anlass vorgelesen werden. Jedes Kind erlebt dabei an seinem Geburtstag eine Wertschätzung seiner Person.

Die Texte sind fantastisch, witzig und kriminell. Sie regen zum Nachdenken und Mitfühlen an. Das Buch beinhaltet eine fortlaufende Erzählung, die in einzelne Geschichten unterteilt ist. Sehr gut können die Geschichten demnach fortlaufend oder als in sich geschlossene Geschichten einzeln vorgelesen werden.

Dazu gibt es kurze Vorabinformationen zu den Haupt-Personen, den Orten und der Handlung, um den Einstieg in die eventuell einzeln vorgelesenen Geschichten bei Bedarf schnell mit mehr Hintergrund ausstatten zu können.

Die Geburtstags-Geschichten enthalten Einstiegsimpulse und Fragen zur Nachbereitung, wobei das Geburtstagskind jeweils die ersten Fragen beantworten kann.

## Die Themen der Geschichten

Die fantastischen, witzigen und kriminellen Geschichten zum Mitfiebern und Mitdenken möchten ein lebendiges **Interesse an Literatur und am Lesen wecken**. Auch können sie die **soziale Kompetenz** durch Inhalte wie Freundschaft, Zusammenhalt und den Umgang mit Konflikten fördern. Zudem vermitteln die Texte spielerisch **Medienkompetenz**: Zum einen können die Kinder beiläufig **mediale Begrifflichkeiten** und deren Bedeutungen aufschnappen. Zum anderen wird das **Menschenrecht auf Datenschutz** thematisiert, und zwar nicht nur offline, sondern auch online, und damit auch das **Recht auf Privatsphäre und Meinungsfreiheit**. Dazu werden kindlich aufbereitete Fragen gestellt: Was geben wir preis und wie können wir uns vor unerlaubtem Zugriff auf die Privatsphäre schützen, bzw. wie können wir uns davor schützen, dass eben nicht alle Daten geheim zu halten sind?

Durch die frühe Sensibilisierung von Kindern für den Unterschied zwischen Privatsphäre und Öffentlichkeit kann unter anderem unterhaltsam erfahren werden, dass man nicht jedem alles von sich erzählen und (später) nicht alles zu seiner Person ins Netz stellen sollte.

# Die Hauptfiguren in den Geschichten

**Prinzessin Annabelle**
**Prinz Joscha** (der Zwillingsbruder von Annabelle, 8 Jahre alt)
**Uffu** (das Mädchen vom Planeten Uduffu)

**Die Königin** (die Mutter von Annabelle und Joscha)
**Der König** (der Vater von Annabelle und Joscha)
**Der Haushälter Herr Schnick**
**Die Lehrerin Frau Wackelzahn**

**Nano** (der Junge aus Turkuffu, einer Region auf dem Planeten Uduffu)
**Blabb** (die Mutter von Uffu)
**Blubb** (der Vater von Uffu)
**Kleine Wolke**

**Die Hauptpersonen**
Die Zwillinge **Prinzessin Annabelle** und **Prinz Joscha**, 8 Jahre alt, und das **Mädchen Uffu** vom Planeten Uduffu, 8 Jahre alt, samt hellblauer Wasserfallfrisur bis zu den Knöcheln reichend und dank des Wissensspeichers in ihrer Oberarmtasche zum Flug-, Fahr- und Tauch-Haarmobil umwandelbar.

# Die Orte

Das **Haupt- und das Kinder-Schloss** inmitten einer Parkanlage auf der Erde, der Heimat von Annabelle und Joscha.

Der **Planet Uduffu,** die Heimat von Uffu, besteht aus unterschiedlichen Landschafts-Zimmern statt aus Städten und Ländern. Die Zimmer haben oft keine oder unregelmäßige Decken und Wände. Die Naturpfad-Zimmer sind auf Uduffu am wenigsten besiedelt.

# Die Handlung

Uffu vom fernen Planeten Uduffu ist besorgt. Sie vermutet, dass Diebe ihren außergewöhnlichen Wissensspeicher stehlen wollen, um mit den darauf lagernden Daten Macht über das Universum zu bekommen, und so flüchtet sie auf die Erde.

Weil sie mit dem Speicher aber übernatürliches Wissen hat, kann sie in keine Schule gehen und wird stattdessen Prinzessin Annabelles und Prinz Joschas königliche Hausaufgabenbetreuerin.

Uffu weiht Annabelle und Joscha in das Geheimnis um den Wissensspeicher ein. Gemeinsam wollen sie versuchen, den Kriminalfall zu lösen, und zu diesem Zweck mit Uffus Haarmobil nach Uduffu fliegen, tauchen und fahren. Damit die Erwachsenen ihr Fernbleiben nicht bemerken, verwenden sie einen Trick: Da Uffu durch ihren Wissensspeicher sehr schlau ist, kann sie die Hausaufgaben der Kinder an deren Stelle während eines Augenaufschlags erledigen und quasi zeitgleich können die drei Kinder den Planeten Uduffu bereisen.

Dank der unterschiedlichen Zeitrechnungen auf der Erde und im fernen Uduffu bemerken die Königin und der König das längere Fernbleiben der Kinder nicht: Was hier während eines Augenaufschlags passiert, dauert dort sehr viel länger.

Doch wer spioniert die Kinder-Detektive über Bildschirme auf Uduffu und auf der Erde aus und warum? Steckt eine Datenklaubande dahinter? Was können die Kinder dagegen tun?

EINSTIEGSIMPULSE:

*(Diese Einstiegsimpulse sind gedacht für Geburtstagskinder, sie sind wiederholbar vor jeder Vorlese-Geschichte im Buch. Dazu kann das Geburtstagskind ab der nächsten Geschichte weitere Einstiegsimpulse und bereits ab hier Nachbereitungsfragen beantworten):*

Liebe/r ... (Name des Kindes),
du hast heute (bzw. hattest) Geburtstag. Herzlichen Glückwunsch! Schön, dass es dich gibt.

1. Was hast du heute (bzw. an deinem Geburtstag) erlebt? Was hast du heute noch vor?
2. Hast du einen Wunsch für dein nächstes Lebensjahr? Ist das ein Wunsch, der in Erfüllung gehen kann oder eher ein Traum?
3. Als Geschenk bekommst du jetzt eine Geschichte und die geht so: ...

NACHBEREITUNGSFRAGEN:

1. Wer hat in der Geschichte Geburtstag? Wie alt werden die Zwillinge?
2. Was ist ihr Geburtstagsgeschenk? (Antwort: ein Kinder-Schloss)
3. Was denkst du darüber? Was spricht für und was gegen ein solches Geschenk?
4. Wer soll ihnen bei den Hausaufgaben helfen?
5. Was erfahrt ihr über diese Person (Uffu)?

# 1. Prinzessin Annabelle und Prinz Joscha feiern Geburtstag

Die Zwillinge Prinzessin Annabelle und Prinz Joscha sind heute acht Jahre alt geworden. Ungeduldig harren sie mit ihrer Verwandtschaft an der Geburtstagstafel im Schloss aus. Annabelle sitzt auf einem Stuhl mit hoher Lehne. Ihre Füße erreichen den Boden noch nicht, sie baumelt mit ihren Beinen. Joscha stochert in seiner Buttercremetorte herum. Plötzlich wird die Ruhe im Saal von einem Hupkonzert von draußen unterbrochen. Die Kinder schnellen vom Tisch hoch und rennen an eines der großen Fenster, um in den Hof hinunterblicken zu können. Sie staunen: Vor der Tür steht ein ungeheuer großer Transporter auf dessen riesigem Anhänger sich ein Haus befindet. Annabelle ruft: „Mama, Mami, was ist das? Ein Haus ist da, ein Haus hat gehupt!"

Joscha ergänzt: „Und … und das Haus hat die Form von einem Paket."

„Ja, richtig, oben drauf ist noch eine übergroße Schleife angebracht", bestätigt Annabelle und rätselt: „Was ist das für ein Haus?"

Nun erhebt sich die Königin von der Tafel und schreitet durch den Saal. Sie kniet sich zwischen ihre Kinder, legt ihnen die Arme um die Schultern, schaut mit ihnen in den Hof und erklärt ihnen: „Es ist euer Geburtstagsgeschenk! Das ist jetzt euer Haus, oder besser gesagt euer Kinder-Schloss, in dem ihr leben könnt. Papa und ich lassen es für euch in unseren Park stellen. Nun, was sagt ihr dazu?"

Joscha findet als Erster seine Sprache wieder: „Aber, aber wir sind doch noch viel zu klein, um alleine wohnen zu können …"

Annabelle krempelt die Ärmel von ihrem Seidenpulli hoch: „Ich finde das gut, wir schmeißen den Laden schon! Du machst die Betten, ich kaufe ein …"

Da lacht die Königin: „Nein, so haben wir das nicht gemeint. Ihr wohnt natürlich weiter mit uns zusammen im Haupt-Schloss. Tagsüber werdet ihr euch aber im Kinder-Schloss zum Spielen und Lernen aufhalten. Auch eure Lehrerin Frau Wackelzahn, der Haushälter Herr Schnick und ein Mädchen für eure Hausaufgabenbetreuung kommen dorthin.

Das Mädchen, das übrigens Uffu heißt, weiß sehr viel. Es sagt, es komme vom Planeten Uduffu, der für uns Menschen noch völlig unbekannt ist. Es ist ein Wunder! Seht, da ist Uffu schon!"

Annabelle und Joscha folgen mit den Augen dem Fingerzeig ihrer Königin-Mutter: Jetzt sehen sie das Planeten-Mädchen Uffu ebenfalls. Es ist im Haus, das auf dem Anhänger steht und winkt ihnen aus einem offenen Fenster zu. Das heißt, eigentlich sehen die Kinder von Uffu nur eine hellblaue Wolke, die der Wind aus ihren knöchellangen hellblauen Haaren aufwirbelt, und ihre kleine blasse Hand, die winkend herausragt.

„Dieses Haarknäuel soll ein Mädchen sein?", fragt Annabelle irritiert.

Joscha bemerkt: „Die kann wohl eher unsere Friseurin werden als unsere Hausaufgabenbetreuung."

Daraufhin weist die Königin ihre Kinder zurecht: „Ihr solltet nicht so schnell urteilen! Uffu ist sehr, sehr schlau. Und nun husch, husch zurück mit euch an die Geburtstagstafel, schließlich können wir unseren Besuch nicht so lange allein lassen!"

Maulend gehen die Kinder an ihre Plätze. Lieber wären sie jetzt draußen beim Abladen und Aufstellen ihres Kinder-Fertigschlosses dabei.

## 2. Das Planetenmädchen Uffu

Als die Geburtstags-Kaffeetafel aufgelöst wird, drängt es die Zwillinge Prinzessin Annabelle und Prinz Joscha, in den Park zu laufen. Sie wollen ihr Geschenk, das neue Kinder-Schloss, näher betrachten. Das Gebäude wirkt groß und einladend. Vor dem Haus spielt das Mädchen Uffu vom Planeten Uduffu mit einem goldenen Jo-Jo. Das Jo-Jo entrollt sich bei ihr häufig, ohne sich wieder aufzurollen und dabei nach oben zu schnellen. Fortwährend muss sie das Jo-Jo von Hand wieder aufrollen.

„Wer ist diese Uffu?", fragen sich die Prinzessin und der Prinz und vergessen darüber das Kinder-Schloss anzusehen.

Uffu soll die Kinder fortan bei den Hausaufgaben betreuen, haben ihre Königseltern entschieden.

Joscha denkt: „Das ist seltsam, wie soll sich Uffu um unsere Hausaufgaben kümmern können, wenn sie doch selbst noch ein Kind ist?"

Annabelle bietet Uffu an: „Soll ich dir ein paar Tricks mit dem Jo-Jo zeigen?"

Uffu sagt schroff: „Nein!", hält ihr aber das Jo-Jo hin.

Jetzt wandert das Jo-Jo zwischen den drei Kindern hin und her. Jedes spielt eine Weile damit. Annabelle zeigt Uffu ein paar Tricks. Als sich das Jo-Jo in Uffus langen Haaren verfängt, helfen ihr Annabelle und Joscha, es wieder herauszulösen. Joscha fragt Uffu: „Du hast so eine seltsame Frisur, willst du mal Friseurin werden?"

Das Mädchen schüttelt ihre Haare wüst durcheinander: „Ich will nichts *werden*. Ich bin doch schon geworden. Das siehst du doch, du Blindschleiche. Ich bin Uffu aus Uduffu geworden!"

Annabelle versucht zu übersetzen, was ihr Bruder gemeint hat: „Mein Bruder Joscha möchte wissen, ob du mal Friseurin von Beruf werden willst?"

Das Planetenmädchen kaut auf ihren Fingernägeln: „Auf Uduffu gibt es keine Berufe. Da macht jeder das, was er kann oder was er für richtig hält, oder so."

Joscha macht Schlitzaugen: „Du erzählst Quatsch! Das geht doch gar nicht!"

Uffu hält das Jo-Jo über ihrem Kopf fest und kreist das abgerollte Band wie ein Lasso. Voller Bewunderung schaut Annabelle auf Uffus Haare: Sie reichen bis zu ihren Füßen, sind hellblau und sehen aus wie ein Wasserfall. Ein kleiner Teil ihrer dicken Haare ist zu einem Zopf geflochten und zweifach um ihren Kopf gewickelt. Ein weiterer kleiner Teil ihrer Haare steht mittig, wie ein kurzer Pinsel, nach oben ab.

„Darf ich die mal anfassen?", fragt Annabelle.

Uffu sagt launisch: „Nein, ich bin doch kein Teddybär!", hält ihr aber ihren Kopf hin.

„Oh, deine Haare fühlen sich ganz weich an, wie Daunen. Du musst sie bestimmt oft kämmen, nicht?"

„Ich brauche sie nie zu kämmen und nie zu schneiden. Aber ich kann mit ihnen fliegen."

„Du erzählst nichts als Quatsch!", ärgert sich Joscha. „Und du sollst uns bei den Hausaufgaben betreuen? Du musst doch selbst noch Unterricht bekommen und Hausaufgaben machen, du Quatschkommode!"

„Selber Quatschkommode! Ich muss keine Hausaufgaben machen und Unterricht brauche ich schon gar nicht."

Nun berührt Uffu die Touchscreen-Funktion eines hauchdünnen Gerätes, das in ihrer Oberarmtasche steckt. Danach stehen ihre langen Haare wie zwei breite Flugzeugflügel links und rechts neben ihrem Kopf ab: „Seht ihr, wenn meine Haare so bretterhart wie Flugzeugflügel abstehen, kann ich nämlich fliegen! Wenn ihr euch jeder auf einen Haarflügel setzt, dann könnt ihr sogar eine Runde mitfliegen … und ich kann mit den Haaren auch tauchen und fahren, da könnt ihr auch mitkommen. Erzählt das aber bloß nicht euren Eltern, sonst darf ich vielleicht nicht bei euch bleiben! Wollt ihr mal eine Besichtigungstour durch das Kinder-Schloss fliegen?"

Annabelle und Joscha wollen am liebsten weglaufen. Uffu macht ihnen Angst. Doch sie fühlen sich gleichzeitig von der lustigen Uffu angezogen. Sie spüren, sie hat ein Herz, das zu ihnen passt. Tapfer sagt Joscha: „Nein danke, wir wollen lieber zu Fuß gehen!"

„Genau, also, ähm …", wagt sich auch Annabelle zaghaft hervor.

„Okay", antwortet Uffu schnippisch, berührt den Touchscreen des Gerätes in ihrer Oberarmtasche und daraufhin fallen ihre Haare wieder weich herunter wie ein Wasserfall.

Schließlich betreten sie gemeinsam das neue Gebäude, ihr Kinder-Schloss.

# 3. Nie mehr Hausaufgaben machen?

Uffu hält die Tür vom neuen Kinder-Schloss auf: „Hereinspaziert zur Hausbesichtigung, bitte schön!"
Als Prinzessin Annabelle und Prinz Joscha stolz eintreten wollen, drängelt sich Uffu vor. „Du bist aber unhöflich!", beschwert sich Annabelle. „Königskindern lässt man ja wohl den Vortritt."
Joscha sagt leicht angesäuert: „Jetzt komm uns bloß nicht mit der Ausrede, dass es auf deinem Planeten Uduffu höflich ist, unhöflich zu sein?"

Uffu ist geknickt: „Nein, es ist nur unhöflich auf Uduffu, jemandem die Tür aufzuhalten. Denn sonst würde man ja zeigen, dass man den anderen für zu schwach hält, sich selbst die Tür zu öffnen."

„Nun schaut euch doch lieber das herrliche Gebäude an, statt euch zu ärgern", versucht Annabelle vom Streit abzulenken.

„Ich kenne den Kasten schon", gähnt Uffu ohne Hand vor dem Mund und rollt sich auf dem nächstgelegenen Sofa wie ein kleines Hündchen zusammen. Sofort fängt sie im Schlaf an zu singen.

Joscha findet das wieder unhöflich von Uffu und beschwert sich bei seiner Schwester: „Ich dachte, Uffu will uns das Haus zeigen. Aber kaum fängt ihre Hausbesichtigung an, ist sie schon wieder vorbei. Und ich muss mich schon schwer wundern, wie man im Schlaf singen kann. Die soll also unsere neue Hausaufgabenhilfe sein? Das kann noch was werden! Ich halte es im kleinen Zehennagel nicht aus."

„Na komm, das Kinder-Schloss können wir zwei auch alleine besichtigen", zieht Annabelle ihren Bruder an der Hand weiter hinein.

Es gibt einen sehr großen Raum zu sehen und daneben einen schmalen Flur, von dem drei kleine Zimmer abgehen. Wie das nahe gelegene Schloss ihrer Eltern hat auch ihr Kinder-Schloss sehr hohe Räume. Zunächst betreten Annabelle und Joscha den großen Saal, der als ihr zweites Kinderzimmer gedacht ist. Fast alles Spielzeug, was sie in ihrem eigentlichen Kinderzimmer im Eltern-Schloss haben, gibt es in diesem noch einmal. Feine Kindermöbel stehen darin, zum Beispiel ein Tisch aus Edelholz mit drei ebensolchen Stühlen für die Erledigung der Hausaufgaben; und der Fußboden besteht aus spiegelndem Glas.

„Schwuppdiwupp, da bin ich wieder", taucht Uffu – erfrischt und munter durch einen Minutenschlaf – neben den Kindern auf. „Jetzt zeige ich euch noch die Nebenzimmer. Und dann machen wir Hausaufgaben."

„Aber, aber …", Joscha schnappt nach Luft.

„Wir haben heute Geburtstag, da müssen Königskinder keine Hausaufgaben machen. Was fällt dir ein?", wehrt sich Annabelle.

„Kein Aber! Wer nichts lernen will, bleibt dumm." Uffu hetzt die Kinder durch die drei kleinen Zimmer: „Hier hause ich, dort kocht Herr Schnick und da habt ihr Schule mit Frau Wackelzahn. Und jetzt geht es im Kinderzimmersaal an die Arbeit, ruckizucki!"

Uffu drängt die Kinder zum Hausaufgabentisch. Die Kinder holen widerwillig ihre Hefte aus den bereitgestellten Ranzen hervor, knallen sie auf den Tisch und beginnen zu arbeiten.

„Na, wer wird denn gleich sauer sein?", fragt Uffu und stellt sich breitbeinig und mit gekreuzten Armen vor den Kindern auf. Sie berührt den Touchscreen ihres Gerätes in der Oberarmtasche und sagt: „Einen Augenaufschlag lang reisen wir nach Uduffu!"

Was dann geschieht, fühlt sich für die Kinder an, als ob kleine kribbelnde Sternchen durch ihre Körper wandern. Im selben Augenblick liegen die erledigten Hausaufgaben vor ihnen. Die Kinder weichen vor Uffu zurück, die magische Kräfte zu haben scheint. Sie befürchten, es kann noch mehr Unheimliches um sie herum passieren.

„Keine Angst! Ich wollte euch nur zeigen, wie schnell ich eure Hausaufgaben erledigen kann, denn ihr braucht viel zu viel Zeit dafür. Ihr Trödelmäuse! Das weiß ich von eurer Königsmutter. Es tut mir ja leid, dass ich das so sage. Doch nun spitzt mal eure Ohren: Wenn ich immer die Hausarbeiten für euch erledige, gewinnen wir Zeit, in der wir zusammen spielen oder nach Uduffu fliegen können."

Joscha ist hellhörig geworden und grübelt: „Was ist mit den Erwachsenen, du Schlaumeier? Wenn die merken, dass wir spielen oder verschwinden statt zu lernen, dann ist hier was los."

Uffu wickelt ihre Haare wie einen Verband um ihren Arm und antwortet: „Nichts leichter als das! Die Erwachsenen bekommen unser Spiel oder unser Verschwinden gar nicht mit. Versprochen! Denn die Erwachsenen erleben unser Verschwinden in einer anderen Zeit als wir. Das geht, weil auf dem Planeten Uduffu eine andere Zeit tickt als auf der Erde, darum dauert unsere Reise für die Erwachsenen nur einen Augenaufschlag lang, und den kurzen Moment können sie nicht wahrnehmen. Meine, bei mir zu Hause vorherrschende, Zeitrechnung kann sich aber auch hier, auf der Erde, beim Spielen von mir auf euch übertragen."

„Das ist ja, … ist ja …", stammelt Annabelle und Joscha fährt fort: „Das is' ja, is' ja … großartig!"

# 4. Uffu in den Fängen der Datenklaubande

Prinzessin Annabelle robbt im Spiel mit Prinz Joscha lange über den Glasboden im Kinder-Schloss, als wäre er aus Eisschollen.

Außer Atem lässt sich Annabelle platt auf den Boden fallen, dreht sich auf den Rücken, bleibt liegen und starrt Löcher in die hohe Saaldecke: „Ach, wenn wir nur endlich mit Uffu auf ihren Planeten Uduffu fliegen können. Ich bin schon so gespannt. Langsam kann sie uns doch wohl mal mitnehmen!"

„Das finde ich aber auch!", stimmt Joscha ein und robbt weiter über das *Eis*, sodass ihm dabei vom Gefühl her richtig kalt wird. Aber dann fragt er: „Du, vielleicht kann uns Uffu gar nicht mitnehmen nach Uduffu. Wie soll das denn funktionieren? Wir sind doch zwei Menschenkinder."

Joscha tut so, als ob er als Robbe unter eine Eisscholle taucht und nach einem dicken Fisch schnappt, der ihm jedoch haarscharf entkommt: „Robbenpech!", flucht er.

Annabelle stellt sich den unbekannten Planeten Uduffu in den funkelndsten Farben vor und wünscht daher: „Naja, unsere Hausaufgaben kann Uffu auch machen, ohne dass sie auf eine Schule geht. Dann kann sie bestimmt auch mit uns nach Uduffu fliegen, oder? Sie ist eben außergewöhnlich."

Joscha versucht es mit einem neuen Fisch, den er fängt und nach Robbenart verzehrt, nur mit der Schnauze, ohne Hilfe der Flossen.

Joscha setzt sich auf seinen Po: „Warum ist Uffu eigentlich so schlau? Manche Dinge kann sie überhaupt nicht gut, wie zum Beispiel Jo-Jo oder Detektiv spielen, zumindest hat sie letztens beim Detektiv-Brettspiel gegen uns haushoch verloren. Aber Hausaufgaben erledigen kann sie bestimmt schneller als unsere Lehrerin Frau Wackelzahn."

Nun lugt Uffu überraschend unter dem Sofa hervor und stellt sich hin: „Wer kann nicht gut Detektiv spielen, hä? Ich habe euch die ganze Zeit belauscht!"

Joscha schimpft mit Uffu: „Das ist aber unverschämt, dass du uns abgehört hast. Das macht man aber nicht, schon gar nicht mit Königskindern!"

Uffu weist jede Schuld von sich: „Oho, ich dachte das mit dem Abhören, das macht man hier so auf der Erde. Tja, und ich wollte euch nur beweisen, dass ich enorm gut Detektiv spielen kann. Außerdem muss ich schon mal für den Ernstfall auf Uduffu üben. Dort werde ich nämlich gesucht."

Annabelle krabbelt auf dem Boden zu Uffu und zieht sich an deren langen Haaren wie an einer Liane hoch, aber Uffu spürt das kaum.

Neugierig fragt sie Uffu: „Och, du wirst da oben gesucht? Bist du etwa ein Räuber? Was hast du denn geklaut?"

Uffu reagiert beleidigt: „Nein, ich bin kein Räuber. Für wen hältst du mich?"

Schließlich winkt Uffu Joscha näher zu sich heran. Jetzt kauern sich alle drei dicht aneinander: „Könnt ihr ein Geheimnis für euch behalten?"

„Klar!", beteuert Joscha.

„Na, und wie!", verspricht Annabelle felsenfest.

„Ihr habt euch gefragt, warum ich so viel weiß, nicht? Zumindest warum ich so viel aus Schulbüchern weiß, was ich nie gelernt habe? Und ich sag euch, ich weiß noch viel mehr. Na ja, eigentlich weiß ich das alles nicht wirklich. Sondern ich trage einen kleinen Speicher mit großem Wissen über unser Universum bei mir. Jederzeit kann ich den abfragen. Den könnt ihr euch wie einen Datenspeicher in einem Computer vorstellen. Es ist viel geheimes Wissen darunter, auch persönliches Wissen über viele Einwohner auf eurem und meinem Planeten. Der Speicher steckt hier in meiner Tasche", sagt Uffu und zeigt dabei auf eine kleine Tasche an ihrem Oberarm.

Annabelle kichert: „Du bist wie ein Känguru, das hat auch einen Beutel, nur am Bauch. Und wie kannst du den Speicher abfragen?"

Uffu antwortet: „Ich brauche den Speicher nur entsprechend per Touchscreen zu berühren und schon werden beispielsweise eure Hausaufgaben erledigt."

„Das ist ein starkes Stück!", stöhnt Joscha. „Ich tippe mal, dass nun Diebe hinter dir her sind, die dieses Wissen klauen wollen", kombiniert er.

Annabelle greift sich vor Schreck mit beiden Händen an den Mund.

Uffu nickt und sagt mit solch bitterernster Stimme, dass es Annabelle und Joscha schaudert: „Die Diebe dürfen aber nie an meinen Speicher herankommen, sonst können sie mit dem Wissen alle bewohnten Planeten in unserem Universum beherrschen!"

Nach einigen Schrecksekunden des Schweigens fängt sich Joscha wieder: „Ein Detektiv hilft da dem anderen! Ich bin dabei, den Diebstahl zu verhindern. Das kommt gar nicht in die Tüte, dass sich Gauner zum Chef machen. Mama und Papa sind bei uns die Könige und sollen es auch bleiben!"

„Klar, wir lassen dich doch nicht im Stich!", stimmt Annabelle zitternd ein. „Oder … oder sollen wir lieber die Erd-Polizei oder die Uduffu-Polizei rufen …?"

Uffu sagt traurig: „Das ist nicht so einfach! Die Diebe drohen mir und erpressen mich. Sie wollen den Speicher von mir haben, was ich natürlich nicht will, darum verfolgen sie mich. Deshalb bin ich in letzter Not hierher, zu euch auf die Erde, geflüchtet. Wenn ich aber die Uduffu-Polizei einschalte, dann wollen sie meinen Eltern was antun. Und die Erd-Polizei kann bei meinem fernen Heimat-Planeten nichts ausrichten, denn bislang ist noch kein Mensch dorthin gelangt. Oh Himmel, was soll ich nur tun?"

„Au, das tut mir schon beim Zuhören weh, red bloß nicht weiter!", Annabelle möchte am liebsten losweinen.

Doch Uffu schöpft neuen Mut und meint feierlich: „Also gut, wenn ich mit euch rechnen kann, dann fliegen wir bald nach Uduffu und sehen, was wir zusammen gegen die Diebe ausrichten können."

Annabelle und Joscha lächeln obenrum und untenrum zittern sie wie Espenlaub: „Kannst du etwa machen, dass wir als erste Menschen dorthin fliegen können?"

„Da grunzen ja die Elefanten", sagt Uffu und geht nicht weiter auf die Frage ein, sondern lächelt nur verschmitzt.

## 5. Annabelle und Joscha machen einen Probeflug nach Uduffu

Im Saal des Kinder-Schlosses serviert Herr Schnick Lakritztee in zarten Porzellan-Tässchen. Prinzessin Annabelle und Prinz Joscha machen Hausaufgaben. Uffu soll sie dabei betreuen.

Kaum hat Herr Schnick den Raum verlassen, schnalzt Uffu mit der Zunge: „Freunde hört mal: Jetzt geht es los mit eurem ersten Probeflug nach Uduffu, in meine Planetenheimat!"

Prinzessin Annabelle fällt vor Aufregung glatt ihr Füller aus der Hand.

Uffu berührt den Touchscreen ihres dünnen Hightech-Gerätes in der Oberarmtasche und ruft: „Einen Augenaufschlag lang reisen wir nach Uduffu!"

Gleichzeitig liegen die eben noch unfertigen Hausaufgaben – jetzt wie von Zauberhand komplett erledigt – auf dem Tisch.

Ein Großteil von Uffus hellblauen fußlangen Haaren steht nun links und rechts neben ihrem Kopf ab, bretterhart wie Flugzeugflügel. Prinzessin Annabelle und Prinz Joscha kauern bereits jeder auf einem Haarflügel. Zu dritt fliegen sie im Eiltempo davon.

Hoch erfreut über die plötzliche Reise und zugleich panisch vor Angst hält sich Annabelle an Uffus geflochtenem Zopf fest, der zweifach um ihren Kopf gewickelt ist. Schnell ergreift Joscha Uffus anderen Zopf, der kurz geschoren wie eine Bürste nach oben hin absteht.

Joscha brüllt: „Seltsam, ich spüre keinen Fahrtwind! Huch, wie leise es auf unserem Flug ist! Warum brülle ich nur?"

Annabelle juchzt: „Ich dachte, es geht tief hinab unter mir. Aber nichtsda! Ich kann weder in die Tiefe noch in die Höhe sehen. Wo sind wir bloß?"

Uffu lässt sich treiben: „Jaaa, ist das herrlich! … Und schon sind wir angekommen. Seht ihr, hier diese Wolkenspalte, sie verbirgt den Eingang zu Uduffu. Wer hinein will, muss sie passieren.

Aber genug für heute! Jetzt fliegen wir wieder zurück zur Erde. Und darum haltet euch gut an mir fest, Leute!"

Noch eh sich die Kinder versehen, landen sie geräuschlos an ihrem königlichen Hausaufgabentisch.

Wütend poltert Prinzessin Annabelle durch den Saal vom Kinder-Schloss: „Ich dachte, du zeigst uns jetzt Uduffu!"

Auch Prinz Joscha kann seine Enttäuschung nicht verbergen: „Genau, erst lädst du uns ein und dann lädst du uns wieder aus!"

Uffu ist guter Dinge: „Ihr zwei verwöhnten Königskinder könnt auch den Hals nicht voll kriegen. Zu einem Probeflug nach Uduffu habe ich euch eingeladen, nicht mehr und nicht weniger. Schreibt euch das gefälligst hinter eure übersauberen Ohren!"

Vergnügt schlürft Uffu in einem Zug ihr Tässchen mit noch heißem Lakritztee leer.

# 6. Immer schulfrei haben, das geht!

Prinzessin Annabelle und Prinz Joscha schreiben gerade ein Diktat bei ihrer Hauslehrerin Frau Wackelzahn. Annabelle grübelt darüber nach, wie das Wort *Cowboy* geschrieben wird und schaut dabei durch das Schulzimmerfenster vom Kinder-Schloss. Draußen rast kläffend und schwanzwedelnd der königliche Hund hinter Uffu her. Beide verschwinden hinter einer Buchsbaumhecke im Park.

Annabelle platzt der Kragen: „Wieso müssen wir lernen und Uffu kann faulenzen? Sie ist doch auch schon acht Jahre alt geworden, genauso wie wir. Alle Kinder sind in dem Alter längst in der Schule, aber Uffu denkt gar nicht daran hinzugehen."

Wieder tauchen Uffu und der Hund auf. Diesmal flitzt Uffu hinter dem Hund her, der sie schließlich fast an sich heranlässt und im letzten Moment wegspringt. Dann toben beide weiter durch den Park und verschwinden wieder von der Bildfläche.

Sehnsüchtig schaut Joscha ihnen hinterher: „Ja, eigentlich ist das total blöd, normalerweise dürfen Königskinder faul sein und die anderen müssen für sie schuften."

Frau Wackelzahn wiederholt ungerührt den letzten Satz im Diktat: „Die Kat-ze des Cow-boys ... schleckt Milch."

Als sie bemerkt, dass Annabelle und Joscha nicht schreiben, erklärt sie ihnen: „Wisst ihr, mit Uffu läuft es anders als mit den meisten anderen Kindern. Sie ist sehr schlau. Sie ist sogar so schlau, dass sie bereits drei Mal eine Klasse einer öffentlichen Schule übersprungen hat, weil alles zu leicht für sie war. Obwohl sie so gern in die Schule ging, hat man sie schließlich aus der Schule entlassen und ihr empfohlen, arbeiten zu gehen und Nachhilfe zu geben. Ich hatte von diesem Wundermädchen vom Planeten Uduffu gehört und sie der Königin und dem König *Von und Zu* als eure Hausaufgabenbetreuung empfohlen. Daneben macht sie sich jetzt auch vormittags nützlich und kümmert sich u. a. um den Hofhund."

Joscha spitzt die Ohren: „Och, wisst ihr was? Ich strenge mich jetzt auch ganz arg an und überspringe Klassenstufen. Dann kann ich auch locker Hundetober werden und Annabelles Hausaufgabenlehrer."

Unter dem Tisch stößt Annabelle ihr Bein gegen Joschas: „Ich glaube, ich höre die Fliegen gackern! Du willst mir die Hausaufgaben erklären? Pass mal lieber auf, dass ich dich nicht mit 180 Sachen um einige Klassenstufen überhole."

Joscha kocht innerlich: „Na, das wollen wir doch mal sehen!"

Nun schreiben die Kinder aufmerksam ihr Diktat weiter.

Jetzt taucht der Hund alleine auf und stellt sich hechelnd vor das Fenster, doch die Kinder bemerken ihn nicht. Schließlich schießt er in dieselbe Richtung zurück, aus der er gekommen war.

EINSTIEGSIMPULSE:
Habt ihr schon einmal eine eigene Fantasie-Welt entdeckt, zum Beispiel beim Träumen, Spielen oder Basteln? Falls ja, beschreibt, woran ihr euch erinnert.

NACHBEREITUNGSFRAGEN:
In dieser Geschichte treten Prinzessin Annabelle und Prinz Joscha die Fahrt zu Uffus Heimat-Planeten Uduffu an.
1. Beschreibt die Reise und ihre Stationen.
   *(Uffus Haare dienen als Flug-, Fahr- und Tauchmobil, mit dem die Kinder durch die Wolkenspalte fliegen, über die Wolkenallee fahren und durch den Wolkenfluss tauchen.)*
2. Wo landen die Kinder am Ende ihrer Reise?
   *(Im Inneren vom Planeten Uduffu, unter dem Wolkenfluss.)*

# 7. Die abenteuerliche Reise nach Uduffu

Heute ist der große Tag, an dem Prinzessin Annabelle und Prinz Joscha mit Uffu in Uffus Planeten-Heimat Uduffu reisen können. Sie sitzen bereits auf Uffus Haarflügeln und befinden sich kurz vor dem Anflug auf die Wolkenspalte, die der Eingang zu Uduffu ist. Als sie die Wolkenspalte durchfliegen, werden sie kräftig durchgeschüttelt und landen dann holprig auf einer Wolkenallee, die links und rechts von Wolkenbäumen gesäumt ist. Nun verwandeln sich Uffus hellblaue Haare von den Haarflügeln zurück zu den fußlangen Haaren, die wie ein Wasserfall ausschauen. Dabei werden Annabelle und Joscha links und rechts von Uffu sanft auf den Boden abgesetzt. Doch kurz darauf schieben sich Uffus lange Haare wie ein breiter Sitz unter die drei Kinder. Zudem fahren unter dem nun bretterharten Haarsitz vier Räder aus, zwei vorn und zwei hinten, sodass die Kinder wie auf einem offenen Wagen durch die Allee fahren.

Uffu klopft Annabelle und Joscha aufmunternd gegen die Schultern: „Seht ihr, ich habe euch doch versprochen, dass ich mit meinen Haaren nicht nur fliegen, sondern auch fahren und tauchen kann."

Joscha zuckt zusammen: „Das Fahren und Fliegen lasse ich mir ja noch gefallen, aber beim Tauchen lass uns raus, bitte."

„Nachher ertrinken wir noch", fürchtet Annabelle und schlottert mit den Knien.

„Wir müssen aber noch durch den Wolkenfluss durchtauchen", berichtet Uffu. „Sonst gelangen wir nicht ins Innere von Uduffu. Der Kern des Planeten liegt unter dem Fluss. Wir fahren geradewegs drauf zu."

Nun verteilen sich Uffus lange Haare, die gerade noch als Dreier-Sitz dienten, wie eine Haar-Tauchglocke um die drei Kinder herum. Dabei fahren die Haare an ihren Haarspitzen aus, wie ausziehbare Zeigestöcke. Kaum ist die Haarkapsel geschlossen, tauchen die Kinder schon in den Wolkenfluss ein, der quer vor ihnen liegend die Allee versperrt.

Während die Kinder in den Fluss fallen, schreit Annabelle: „Nein, Uffu, das geht nicht! Wir können dann nicht atmen. Halt! Nicht weiterfahren, stopp!"

Uffu beruhigt sie: „Aber liebes Prinzesschen, wir sind bereits im Fluss und du kannst noch reden und atmen, oder?"

Nun schaukeln die drei Kinder in der durchsichtigen Tauchglocke durch den Wolkenfluss, mal hierhin, mal dorthin schwappend. Annabelle und Joscha sagen während der weiteren Unterwasserfahrt nichts mehr, sie schauen und schauen nur: Wolkenmuscheln und Wolkenmeertierchen fliegen an ihnen vorbei.

Als Uffus Haare sich wieder zu ihren fußlangen hellblauen Wasserfallhaaren zurückbilden, werden Annabelle und Joscha vorsichtig auf eine orangefarbene Wiese mit weißen Blüten abgesetzt.

„Herzlich willkommen im Inneren von Uduffu!", begrüßt Uffu die Erd-Freunde auf ihrem Heimat-Planeten.

# 8. Schnell die Diebe überlisten und dann wieder nach Hause?

Nach ihrer Ankunft auf Uduffu sitzt Prinzessin Annabelle verträumt auf einer orangefarbenen Wiese mit weißen Blumen und genießt ihre ersten Eindrücke vom Planeten.

Prinz Joscha dagegen ist voller Tatendrang. Er fragt Uffu lauthals: „Und wo sind jetzt diese Diebe? Die Diebe, die dir deinen Wissensspeicher klauen wollen? Ich sehe keine."

Uffu reagiert erschrocken und verärgert: „Psst, lauter geht es wohl nicht, du Plappermaul! Wenn wir unvorsichtig sind und die Diebe erfahren, dass ich nach meiner Flucht wieder auf dem Planeten gelandet bin, dann machen sie sich auf die Suche nach mir. Die Diebe beschatten sicher schon lange meine Eltern, weil sie wissen, dass wir uns eines Tages wiedersehen werden. Wir müssen auf der Hut sein!"

Joscha spricht nun deutlich leiser, aber völlig selbstsicher: „Dann drehen wir den Spieß halt einfach um: Wir verfolgen die Diebe, statt uns von ihnen verfolgen zu lassen! Das kriegen wir an einem Tag hin. Leute, wir bauen ihnen heimlich eine Falle, überraschen sie im Mittagsschlaf oder lassen uns vom Haarflugmobil auf sie herunterfallen. Damit sind alle Probleme gelöst und wir können in unser Kinder-Schloss zurückkehren. Schließlich will ich heute Abend nicht auf mein beheiztes Wasserbett oder aufs Austernschlürfen verzichten müssen."

Annabelle rüttelt Joscha: „Sag mal, unsere Freundin Uffu und das ganze Universum sind in Not, und du denkst an dein beheiztes Wasserbett und ans Austernschlürfen? Bei dir ist wohl eine Leitung undicht! Ist dir klar, dass die Diebe planen mit dem Diebesgut – dem unerhört großen Wissensspeicher über Mensch und Weltall – das Universum zu beherrschen?"

Joscha sagt kleinlaut: „Ich habe ja gesagt, erst die Diebe fangen und danach ins Wasserbett fallen, meinetwegen auch erst ganz spät heute Abend."

„So schnell und leicht, wie du dir das vorstellst, lassen sich die Diebe aber vermutlich nicht fangen", gibt Uffu zu bedenken. „Ich glaube, sie sind viel mehr und viel stärker als wir. Da müssen wir uns schon einen ordentlichen Plan machen, bevor du wieder auf deinem Wasserbett thronen kannst."

Joscha überwindet sich: „Na gut, bis morgen kann ich auf mein Wasserbett verzichten."

Annabelle und Uffu fangen immer heftiger an zu lachen, bis ihnen die Tränen kommen, und dabei japsen sie: „Bis morgen kann er darauf verzichten." – „Bis morgen bloß!" Nachdem Uffu sich beruhigt hat, denkt sie intensiv nach, dabei pustet sie kraftvoll in ihr hellblaues Wasserfallhaar, in dem grollend ein Unwetter zu toben beginnt: „Ich glaube, du solltest dich darauf einstellen, dass wir so manche Nacht auf Uduffu verbringen müssen. Vielleicht kommen wir zwischendurch auch mal zurück zur Erde, aber für unseren Detektivfall werden wir sicherlich einige Zeit brauchen."

„Pscht! Wollt ihr wohl leiser sein, man kann uns kilometerweit hören, ihr Trampel!", zischt Joscha den Mädchen zu. „Also gut, dann legen wir uns gleich auf die Lauer, umso schneller kann ich in den nächsten Tagen zurück. Anschließend schauen wir uns um, wo man hier wie auf einem Wasserbett schlafen und wie zu Hause speisen kann."

Annabelle und Uffu schauen sich an und verdrehen die Augen.

# 9. Uffu führt die Kinder in die Planeten-Welt ein

Prinz Joscha bemerkt beim Laufen: „Seltsam, ich kann mich auf dem Planeten Uduffu ganz normal bewegen. Ich dachte die ganze Zeit, ich brauche hier einen Raumanzug und schwebe."

„Wir sind doch nicht auf dem Mond!", antwortet das Planetenmädchen Uffu.

„Och, besteht denn ganz Uduffu nur aus orangefarbenen Wiesen mit weißen Blüten?", möchte Prinzessin Annabelle wissen, die des Anblicks langsam überdrüssig wird.

Uffu schwärmt: „Wenn ihr wüsstet! Uduffu hat so viel zu bieten, seht nur selbst in der nächsten Zeit."

Annabelle klagt: „Jetzt sehe ich jedenfalls nur endlose Wiesen. Außerdem drückt mich mein rosa Schühchen vom vielen Laufen."

Uffu berührt den Touchscreen ihres Wissensspeichers in der Oberarmtasche, sodass ihre Haare zu Flugzeugflügeln werden. Gleich darauf fliegt sie eine Runde mit ihrem Haarmobil. Aus der Luft brüllt sie herunter: „Heiliger Morastfrosch, dann geh barfuß weiter, bis du wieder in den Dingern laufen kannst. Wer trägt auch solche unbequemen Fußquetscher?"

Annabelle schmollt, zieht sich die Schuhe aus, knotet beide Schnürsenkel zusammen, bindet sie sich an den Gürtel und ruft: „Was meinst du, was die gekostet haben? Kannst du uns wenigstens ein Stückchen mitnehmen?"

„Neihein, laufen ist gesuhund!", trompetet Uffu herunter. Dann fällt sie in der Luft in einen Minutenschlaf, bei dem sie vor sich hinsingt. Das Haarmobil fliegt dabei ununterbrochen in einer Achterschleife im freien Raum herum.

„Diese freche, ungezogene Göre lässt uns wieder im Stich!", wütet Joscha, der gleichzeitig erleichtert ist, dass Uffu im Schlaf nicht abstürzt.

Nach dem Aufwachen schnappt Uffu im steilen Anflug die Kinder vom Boden, setzt sie sich auf die Haarflügel und schon geht es wieder fast senkrecht in die Höhe.

Uffu erklärt: „Auf Uduffu gibt es viele Zimmer – nur haben diese Zimmer oft keine oder unregelmäßige Decken und Wände und die Zimmer können sehr groß ausfallen. Was wir Zimmer nennen, würdet ihr auf der Erde für Dörfer, Städte oder gar Länder halten. In jedem Zimmer herrscht eine andere Landschaft vor. So, nun wisst ihr es. Dies hier ist ein Eintritts-Zimmer für alle, die von außen kommen und noch weiter in das Innere gelangen wollen. Von hier aus gibt es unendlich viele Wege durch Uduffus Zimmer-Dschungel.

Wir sollten die einsamsten Naturpfad-Zimmer nehmen, weil dort die geringste Gefahr ist, dass wir Uduffus begegnen."

„Aber wenn ich schon mal hier bin, will ich doch auch Uduffus kennenlernen!", nörgelt Joscha.

„Genau, man muss ihnen doch guten Tag sagen, wenn man ihr Land betritt", findet Annabelle.

Uffu schnaubt verächtlich: „Ihr immer mit eurem höflichen Getue! Was glaubt ihr, wie sehr ich mich danach sehne, endlich wieder Uduffus zu treffen. Leider muss ich mir das verkneifen. Wenn die mich und uns sehen, macht das sofort die Runde und dann können mich die Diebe schnell finden. Also, alles gesagt, alles kapito?"

„Kapito, dann zeig uns aber endlich ein anderes Zimmer!", fordert Annabelle Uffu auf.

„Alles zu seiner Zeit, ich habe es mit der Gemütlichkeit", turnt Uffu durch die Luft, dass es Annabelle und Joscha fast schlecht wird. Sie halten sich noch kräftiger an Uffus Zöpfen fest, damit sie auf den Haarflügeln nicht ins Schlingern geraten. Schließlich nimmt Uffu Kurs auf: „Jetzt düsen wir in das Schräglagen-Naturpfad-Zimmer und von da … ach, mal sehen, wie es von da weitergeht. Wir brauchen zunächst einen Plan, wie wir die Diebe austricksen können."

# 10. Vorsicht Diebe?

Fast hat Uffu mit ihrem Haarmobil ihr Flugziel erreicht: das Schräglagen-Naturpfad-Zimmer. Prinzessin Annabelle und Prinz Joscha sitzen mittenmang auf den Haarflugzeugflügeln. Von Ferne überblicken die drei bereits die Landschaft des Zimmers: Schräge Figuren tauchen wie starre Wellen aus dem Boden empor, mal nur für ein kurzes Stück, mal weit über die Länge der Kinder hinausreichend. Weit oben auf einer waagerechten Landebahn-Spitze von einer schrägen Figur stoppt Uffu ihren Flug und fährt ihre Haarflügel ein. Anschließend rutschen alle drei Kinder vergnügt die Schräge herunter.

Joscha schreit auf halber Höhe: „Hilfe, ich sitze fest! Ich bin mit meiner Kapuze an einem Vorsprung hängen geblieben."

„Dann versuche sie doch zu lösen!", schreit Uffu genervt vom Boden aus zurück.

„Ach so, ja, das versuche ich mal … Ja, das geht, ich koooomme!", ruft Joscha.

Als Joscha neben Annabelle und Uffu aufplumpst, meint Uffu: „Wenn du wirklich die Diebe mit mir überlisten willst, dann solltest du vielleicht öfters mal denken, bevor du quatschst."

Beleidigt zieht sich Joscha seine ausgeleierte Kapuze über den Kopf.

Eigentlich möchte sich Annabelle im neuen Landschafts-Zimmer umsehen, doch als sie an die Diebe erinnert wird, ist ihr mulmig zumute: „Ich wittere hinter jeder Schräge einen Dieb: Da höre ich, wie sich ein Riese räuspert. Dort kratzt sich ein Winzling seine ledrige Haut. Und hier – huch – steht ein muskelverbeulter Räuber kampfbereit mit ausholender Keule …"

Uffu hält ihre langen Haare an deren Enden mit den Händen zusammen und kitzelt Annabelle und Joscha mit den Spitzen am Bauch, sodass diese sich vor Lachen schütteln müssen.

„Aufhören, Uffu, aufhören!", wehrt Joscha die Haarmähne ab.

„Das wirst du schleunigst lassen", dreht Annabelle grimmig den Spieß um und kitzelt Uffu mit den Händen durch.

Zufrieden ruhen schließlich alle drei auf verschiedenen Schrägen. Uffu hat sich kopfüber liegend auf eine hingestreckt.

„Du, Uffu, wie sehen die Diebe eigentlich aus?", fragt Joscha.

„Ich weiß es nicht, ich habe sie noch nie gesehen", gähnt Uffu.

„Und woher weißt du überhaupt, dass die Räuber es auf deinen Wissensspeicher abgesehen haben und dich erpressen wollen?", bohrt Annabelle weiter.

„Ich habe damals beim Baden Stimmen gehört. Die Stimmen haben mir das zugeflüs…", damit fällt Uffu in einen Minutenschlaf und singt glasklar.

„Du hast was? Du hast Stimmen gehört? Das ist absolut gaga!", herrscht Joscha Uffu an. Als er bemerkt, dass sie schläft, sackt er in sich zusammen.

Annabelle brabbelt vor sich hin: „Nur weil Uffu sich Stimmen eingebildet hat, sind wir mit ihr nach Uduffu gereist, um sie, ihre Eltern und das Universum zu retten. Sind wir Trampel!"

Anschließend springt und kraxelt Annabelle von Welle zu Welle. Ergriffen schaut sie sich im Schräglagen-Zimmer um.

„Toller Spielplatz!", murmelt die Prinzessin vor sich hin. „Wollen wir hier Verstecken spielen?"

Sofort ist der Prinz bei der Sache, gleitet hinter eine Schräge, krabbelt unterhalb zu einer anderen weiter und ruft gedämpft: „Such mich doch!"

# 11. Die Freunde suchen einander

Prinzessin Annabelle rüttelt mit aller Kraft das Planetenmädchen Uffu wach, das auf einer schrägen Wellen-Figur liegt. Sie befinden sich noch immer im Schräglagen-Naturpfad-Zimmer auf dem Planeten Uduffu.

Annabelle ist aufgekratzt: „Du schläfst kopfüber wie eine Fledermaus. Dir läuft dabei doch das ganze Blut in den Kopf."

Uffu schreckt hoch und erwidert: „Nein, tut es eben nicht, mein Körper läuft planetisch und nicht erdisch! Und nur weil ich wie eine Fledermaus schlafe, weckst du mich derart brutal? Weißt du nicht, dass man Uduffus nur im Notfall wecken sollte?"

„Dies ist ein Notfall und zwar einer, der sich gewaschen hat!", brodelt es aus Annabelle heraus, die dabei ihre Stirn in düstere Falten legt.

„So?", fragt Uffu prüfend.

„Nun mach schon, raus aus den Federn, rauf auf die Füße, sooo …", will Annabelle Uffu auf die Beine stellen, was auf einer Schräge kaum zu machen ist.

Uffu versucht Annabelle abzuschütteln: „Ich habe es mit der Gemütlichkeit, nun mal hübsch der Reihe nach … Was soll bitte schön ein Notfall sein?"

Die Prinzessin wird puterrot vor Ärger: „Jetzt komm endlich in die galaktischen Hufen! Prinz Joscha ist verschwunden. Es ist so, weil … na, ich hatte die Idee Verstecken zu spielen, dann hat er sich versteckt und ich sollte ihn suchen, aber ich habe ihn nicht mehr gefunden. Er ist spurlos verschwunden in diesem Schräglagen-Zimmer. Vielleicht haben die Diebe ihn geklaut? Du musst deinen Wissensspeicher befragen. Sicher weiß er, wo Joscha ist."

Uffu führt ihre langsamen Bewegungen fort. Gemächlich setzt sie sich auf und lässt ihre Beine von der Schräge herunterbaumeln: „Dabei kann mein Supergehirn nicht helfen. Ich habe eher älteres Wissen auf der Speicherplatte. Für viele aktuelle Probleme gibt es darauf weniger Informationen."

Annabelle ist ratlos: „Dann ist dein Wissensspeicher bloß eine Mogelpackung. Kommt es darauf an, ist der Speicher leer … Würden nur wenigstens unsere Handys auf diesem hinterletzten Planeten funktionieren. Noch nicht mal Mama-Königin oder Papa-König oder Herrn Schnick kann ich um Hilfe rufen." Aber dann meldet Annabelle plötzlich voller Tatendrang: „Hach! Dann suche ich Joscha eben auf eigene Faust!" Die Prinzessin springt von der Schräge auf den Boden herunter und schnüffelt wie ein Vierbeiner unterhalb der Figuren nach Joscha.

Uffu möchte sie aufhalten: „Warte, Prinzesschen, warte auf mich! Ich komme mit."

Doch Annabelle befindet sich für Uffu, die jetzt auch auf den Boden hüpft, bereits außer Sichtweite. Am Fuße der schrägen Wellen-Figuren sucht Uffu nun verzweifelt nach ihren beiden Menschen-Freunden. Nachdem sie sich länger umgesehen hat, will Uffu pausieren. Da gerät sie plötzlich jäh ins Rutschen und gelangt in einen Tunnel. Überwältigt kann sie sich nirgends an den Wänden festhalten. Als sie unten angekommen ist, stehen Wolken in der breiten Tunnelröhre, inmitten des unterplanetischen Zimmers.

„Annabelle? Joscha? Wo seid ihr?", ruft Uffu in die Röhre hinein, doch die Wolken unter Tage tragen den Ton nicht weit. Es kommt keine Antwort. Kurzentschlossen fährt Uffu ihr Tauchhaarmobil aus. Ihre langen Haare bilden eine Tauchglocke um sie herum, durch die sie die Wolken durchstreift und durchforstet. Dank ihres Tauchmobils stößt sie bald erst auf Annabelle und schließlich mit ihr zusammen auf Joscha. Beide sind allein umhergeirrt, haben sich verzweifelt gegenseitig und dann den Tunnelausgang gesucht. Dass sie sich alle wiedergefunden haben, lässt Tränenströme der Erleichterung über ihre Wangen fließen.

Im Tauchmobil suchen die Kinder schließlich den Tunnel Meter für Meter ab. Sie gelangen dabei unter Tage in einen großen Saal ohne Wolkenmeer. Uffu lässt ihre langen Haare wieder weich herunterfallen wie einen hellblauen Wasserfall, sodass Annabelle und Joscha aus der sich auflösenden Haarkapsel kullern. Sie rollen geradewegs auf einen Lagerplatz zu.

Joscha begreift die Situation schlagartig: „Hier haben sich kürzlich ein paar Kerle ausgeruht, gegessen und getrunken. Was ist, wenn sie wiederkommen?"

Annabelle bekommt es mit der Angst zu tun und versteckt sich – wie auf einem Felsvorsprung hinter einem Wasserfall – hinter Uffus hellblauen knöchellangen Haaren.

Uffu bietet ihr diesen Schutz und erkennt an den Hinterlassenschaften: „Das müssen Nomaden-Uduffus gewesen sein. Keine Sorge, die kommen nie an ihren Rastplatz zurück, sondern suchen sich immer wieder eine neue Bleibe. Das sieht man an ihrer Art, Ruhe-Gruben zu bauen und Trink- und Essensreste für nachfolgende Nomaden-Uduffus zu hinterlassen."

„Sagtest du *Trinken und Essen*? Ich kann keinen Schritt mehr machen ohne ebendies zu tun …", ächzt Joscha.

Annabelle denkt messerscharf nach: „Halt, wenn das ein Trick ist? Wenn das keine Nomaden-Uduffus waren, sondern Diebe – gar unsere Diebe – wenn es sie also doch gibt, und sie solch ein Lager absichtlich hinterlassen haben, um uns auf eine falsche Fährte zu bringen und uns damit in eine Falle zu locken?"

Doch Uffu winkt ab: „Nomaden-Uduffus können wirklich niemals zurückkommen, glaubt mir, egal ob es gewöhnliche Nomaden-Uduffus oder unechte Nomaden-Diebe sind. Das ist auf Uduffu vorherrschendes Gesetz. Sollten es also tatsächlich unsere Feinde sein, so können wir sie bequem verfolgen, sie uns aber nicht. Wir verfolgen die Räuber – diese Idee hattest du doch schon lange, Joscha. Auf gehts!"

„Herrlich, das ist fast wie Austernschlürfen und Wasser-
bettschlaf", schwärmt Joscha behaglich, macht es sich
in einer Ruhe-Grube gemütlich und fällt über das einfa-
che Mahl her. Sichtbar erleichtert folgt Annabelle seuf-
zend und glucksend seinem Beispiel. Uffu schnalzt gierig
mit der Zunge, grabscht sich das meiste Essen und fällt
im Stehen brummend in ihren Minutenschlaf.

Joscha springt auf und öffnet Uffus schlafstarre Hände:
„Gibst du wohl meinen königlichen Futter-Anteil her, du
manierenlose Milchstraßengöre!"

# 12. Die Kinder verfolgen die Diebe

Prinz Joscha läuft im unterplanetischen Saal im Kreis herum. Mit geröteten Augen sucht er angestrengt nach einem Weg zum nächsten Nomaden-Rastplatz.
Uffu räkelt sich abseits in der Nomaden-Ruhe-Grube und
tippt auf dem Touchscreen ihres Wissensspeichers herum.
Prinzessin Annabelle kniet neben ihr und wundert sich:
„Ups! Du kannst das Gerät ja auch in die Hand nehmen?
Ich dachte, es steckt immer in deiner Oberarmtasche."
Weiter auf den Speicher starrend sagt Uffu kurz angebunden: „Weil es eben, na weil es eben in der Tasche

aufgeladen wird, drum ist es da meistens drin. Und jetzt lass mich mal!"

Annabelle ist mit dieser Antwort nicht zufrieden: „Aber dein Arm ist doch keine Steckdose, die der Speicher anzapfen kann?"

„Du sollst mich nicht immer unterbrechen, ich bin schwer beschäftigt!", reagiert Uffu zunächst unwirsch, antwortet dann aber doch noch ausführlicher: „Also gut, wenn es sein muss: Das läuft über meine ureigenen Säfte und Kräfte, die laden das Ding auf!"

„Könnt ihr bitte auch mal was dafür tun, dass wir hier wieder rauskommen, statt euch nur fröhlich zu unterhalten?", erkundigt sich Joscha gereizt. „Oder wollt ihr hier vertrocknen? Es ist mir inzwischen schon egal, ob wir dabei noch die Diebe verfolgen können oder nicht. Hauptsache, wir kommen hier wieder raus und gelangen eines Tages zurück zu Mama Königin und Papa König und … und … unserem Hofhund und … zu meinen Austern."

Daraufhin braust Annabelle auf: „Wenn Uffu nur mit mir reden würde! Stattdessen tatscht sie andauernd auf dem blöden Bildschirm da rum. Das ist sowas von unhöflich. Ich bin auch noch da, Uffu! Siehst du mich?" Während sie das sagt, wischt sie vor Uffus Augen mit ihren Händen wie mit Scheibenwischern herum. Doch Uffu nimmt keine Notiz davon, sie schielt unter Annabelles „Scheibenwischern" hindurch auf die Mattscheibe vom Gerät.

„Siehst du, Joscha? Keine Chance, die ist voll von der Rolle, das dumme Ding ist ihr wichtiger als ich!"

„Merkwürdig, merkwürdig!", rätselt Uffu. „Ich habe *nächster Nomaden-Rastplatz* in die Navigation eingegeben und nun pendelt die Kompassnadel völlig ziellos über den Bildschirm …"

Joscha sagt hoffnungsfroh: „Probiere es vielleicht mit der Suchanfrage: *Nomaden-Diebe*!"

„Yipp, das habe ich gemacht … aber, aber jetzt spuckt das Gerät nur Luftblasen aus, wie ihr seht …"

Annabelle horcht auf: „Dann befrage doch mal deinen Wissensspeicher nach: *Nomaden-Diebe* – Pluszeichen – *nächster Rastplatz*!"

Uffu speist Worte und Zeichen ein. Daraufhin reißt das Gerät in ihrer Hand sie aus der Ruhe-Grube heraus und steuert sie quer durch den Saal und zwar so heftig, dass Uffu kaum mitkommt. Kurz vor der Saalwand verebbt der Sog.

Uffu sieht sich vor Ort um und schnaubt in ihren Wissensspeicher: „Jetzt hör mal gut zu, du kleines mieses Gerät! Ich lasse mich nicht von dir an der Nase herumführen! Hier ist nichts, rein gar nichts, was uns weiterbringt: kein Ausgang, kein Schlupfloch …"

„Doch, doch, da, da oben!", schreit Joscha ganz aufgeregt von einer anderen Saalseite herüber, „da oben ist eine kleine Höhle in der Wand und eine Strickleiter fällt daraus herunter!"

Annabelle bebt innerlich: „Die Reaktionen deiner Datenbank auf unsere Suchanfragen sind nun endlich ein klarer Beweis dafür, dass es die falschen Nomaden-Diebe gibt! Wir müssen ab jetzt noch besser auf deinen Wissensspeicher aufpassen, Uffu! Verdammt, der ist mehr wert als Mamas und Papas königliche Juwelen und ihr Geschmeide zusammen. Klar ist das Pack hinter dem Ding her!"

„Nicht schlecht, für den Anfang, Annabellchen! Kommt, schwingt euch auf die Leiter, wir haben keine Wahl", dirigiert Joscha die Truppe.

Uffu küsst verlegen ihren Wissensspeicher: „Danke, danke, du … du … du Wunder, du!", steckt ihn zurück in die Oberarmtasche und beginnt als Letzte den Aufstieg.
Unterwegs hält sie schnaufend inne: „He, ihr da oben, wir hätten doch auch mein Haarflugmobil nehmen können! Ach, was solls …"

EINSTIEGSIMPULSE:
1. Wart ihr schon einmal in einer Höhle? In welcher? Wie sah die aus?
2. Darf man eine (unerforschte) Höhle betreten? Warum? Gefahren?

NACHBEREITUNGSFRAGEN:
1. Zur Geschichte: Die Kinder steigen in eine Höhle. Was finden sie darin vor? *(Das Nichts wohnt im Nichts.)* Wie nehmen die Kinder beides wahr?
2. An welchem Tag hat das *Nichts* Geburtstag? Können die Kinder mitfeiern? Malt ein Bild von dem Nichts, das Geburtstag feiert.

# 13. Wenn das Nichts am Niemandstag Geburtstag feiert

Uffu klettert das letzte Stück der Strickleiter hoch, an der unterplanetischen Saalwand entlang. Prinzessin Annabelle und Prinz Joscha sind vor ihr angekommen und ziehen sie von der Leiter in die Höhle. Gerade noch rechtzeitig, denn auf der Stelle fällt Uffu in ihren Minutenschlaf. Ihr stets dazugehöriges Singen verpufft im Nichts, das sie alle in der Höhle umgibt.

Annabelle fragt Joscha: „Siehst du auch, was ich sehe?"

Ratlos schaut sich Joscha um: „Also, ich sehe nichts! Vielleicht bin ich jetzt blind, oh, heiliger Bimbam?"

„Ja, ja, das meine ich doch, ich sehe auch nichts!", gibt Annabelle beunruhigt von sich.

„Also dann, wir werden ja wohl nicht beide gleichzeitig blind werden, oder Annabelle, was meinst du?"

Annabelle guckt an sich herunter: „Mich kann ich schon sehen und dich und Uffu auch."

„Schon gut, wir sind da, aber sonst nichts!", bestätigt Joscha Annabelle.

Jetzt wird Uffu durch ihren Wissensspeicher in der Oberarmtasche geweckt, der ihr wie ein Leuchtturm in die Augen strahlt, immerzu kreisend und blinkend: „Liebes Gerät, ganz unter uns, wenn du nicht weißt, dass man ein echtes Uduffu-Uffu wie mich nie wecken darf, außer im Notfall, dann verschenke ich dich eben freiwillig an die Diebe …"

Annabelle ist zutiefst erschrocken: „Bloß nicht, Uffu, dann ist Gefahr im Verzug! Die Diebe dürfen den Wissensspeicher niemals in die Hände bekommen! Ich sagte N I E M A L S, hörst du?"

Joscha fällt ein: „Schau bitte mal auf den Touchscreen des Gerätes! Vermutlich ist darin immer noch der Weg zu den Nomaden-Dieben und ihrem nächsten Rastplatz einprogrammiert und es will dir den Weg zeigen?"

Lustlos zieht Uffu den Speicher aus der Tasche. Sofort hört er auf zu blenden und gibt einen Schriftzug frei. Sie entziffert schwerfällig den Code: „Heute ist Niemandstag im Nichts. Poing. Da feiert das Nichts seinen Geburtstag. Peng. Es möchte nicht gestört werden. Poing. Durchquert zügig die nichtige Höhle! Peng."

Die Kinder fackeln nicht lange, fassen sich an den Händen und gehen durch das Nichts. Sie schauen sich nicht um.

Annabelle drückt Joschas und Uffus Hände fester und hat das Gefühl, ein kleines wuseliges Wesen in einer Ecke wieseln zu hören.

Nach einem mühseligen Marsch stolpert Annabelle in etwas Weiches hinein.

Joscha guckt zu ihr und ist hocherfreut: „Du bist mitten in einer Ruhe-Grube der Nomaden-Diebe gelandet! Dies ist das Ende von der Höhle und vom Nichts."

Noch ehe sich Uffu das meiste des von den Dieben zurückgelassenen Essens und Trinkens unter den Nagel reißen kann, sorgen Annabelle und Joscha blitzartig für ihren Teil.

# 14. Uffus Spezialmobil ist spitze!

Nach der Verschnaufpause sehen sich die Kinder im unterplanetischen Zimmer auf Uduffu nach einem Ausweg in ein oberplanetisches Zimmer um.

Prinz Joscha wird als Erster fündig: „Kommt alle her! Ich bin hier auf Wolken gestoßen, die könnten eine Verbindung zur Oberwelt sein!"

Uffu staunt: „Das ist womöglich der Wolkenfluss, der senkrecht aufwärts fließt. Von dem habe ich schon mal irgendwo in meinem Wissensspeicher-Lexikon gelesen. Hm, ich werde sehen, was es dazu ausspuckt."

Prinzessin Annabelle drückt während der Suchanfrage fest die Daumen: „Bitte, bitte, lass uns aus dem unterplanetischen Zimmer herauskommen, bitte, bitte … Ich fühle mich so beengt hier unten."

„Da schau an", frohlockt Uffu, „alles geritzt, das muss der Fluss sein, der umgekehrt ins oberplanetische Zimmer fließt. Die Nomaden-Diebe scheinen auch den Weg über den Fluss genommen zu haben. Weit und breit lese ich von keiner Alternative, um von hier aus voranzukommen. Und zurückgehen dürfen Nomaden in diesem Land eben nicht. So können wir sie weiter verfolgen."

„Dann los, worauf warten wir noch?", steht Annabelle startklar am Fluss. „Fahr dein Tauchhaarmobil aus!"

Uffu versucht die Lage einzuschätzen: „Quatsch, Prinzesschen, ich muss bestimmt mein Fahrmobil nehmen, denn ich vermute: senkrecht stromaufwärts kann man sicherlich nur auf dem Wasser fahren. Du kannst eure Naturgesetze der Erde nicht einfach mit denen von Uduffu vergleichen."

„Das klingt aber gewöhnungsbedürftig", findet Joscha. Daraufhin sucht Uffu weiter in ihren Wissensspeicher-Daten: „Jetzt passt auf, welche Information mein Gerät mir zu diesem Problem gibt, denn der Strom hat auch noch weitere Tücken. Ich muss nur wenige Eingaben in den Touchscreen machen und dann entsteht ein Spezial-mobil, welches mit allen Funktionen dienen kann – es kann sowohl fahren als auch tauchen und fliegen. Und alle drei Fortbewegungsarten werden bei dem Fluss vonnöten sein, also auch das Tauchen. Da fragt man sich doch wirklich, wie das die Nomaden-Diebe schaffen konnten? Sie müssen entweder technisch sehr gut ausgerüstet, bärenstark oder völlig durchtrainiert sein."

„Echt wahr?", zweifelt Joscha zunächst und tastet dann aus Angst vor den Dieben nach Annabelles Hand.

Uffu hantiert mit ihrem Gerät. Anschließend stehen ihre fußlangen, hellblauen Wasserfall-Haare bretterhart zu allen Seiten ab wie bei einem Langstachel-Igel. Als Uffu sich im Wolkenfluss gespiegelt sieht, meint sie bedrückt: „Ne, da war wohl ein falscher Klick dabei …"

Ein neuer Versuch ergibt ein tolles Spezialmobil: Uffus eh schon dicke Haare fahren aus, bekommen ein mehr als dreifaches Volumen und bilden gleichzeitig sowohl Haartauchglocke als auch Haarflugflügel und Haargefährt. Ein paar von Uffus übrig gebliebenen Haarbüscheln greifen sich wie Fangarme die überrumpelten Kinder Annabelle und Joscha, wickeln sie sicher ein und los geht es: den Wolken-Fluss hochfahrend, -fliegend und -tauchend. Auf dem Weg muss Uffu an Wolkengeröll und Wolkenschrott vorbeilenken, damit das Haarmobil und die Kinder keinen Schaden nehmen. Nach beschwerlicher Wildwasserfahrt und längerer Abwesenheit sind die Kinder wieder in einem oberplanetischen Naturpfad-Zimmer angekommen. Das Mobil ist am Ende seiner Kräfte und spuckt Annabelle und Joscha mit einem lauten „Boioioioing" aus. Uffus Haare schnellen in die Wasserfallfrisur zurück.

„Herrlich hell ist es hier oben!", freut sich Annabelle.

„Ja, und viel wärmer als unten", genießt Joscha den Moment. „Da macht unsere Verfolgung der Diebe gleich viel mehr Spaß. Nur würde ich doch verdammt gern bald wieder zu Hause, auf der Erde, im Kinder-Schloss spielen, dort ein paar Austern schlürfen und im Wasserbett schlafen wollen, ach ja, ach ja, ach ja …"

# 15. Eine ungeheuerliche Entdeckung

Prinzessin Annabelle, Prinz Joscha und das Planetenmädchen Uffu sehen sich das sogenannte Neuland-Naturpfad-Zimmer auf Uduffu an. Nach einer Wildwasserfahrt sind sie hier gestrandet. Dieses Zimmer hat nur zum
Teil eine niedrige, frei im Raum schwebende flache Decke, die eher einer zu groß geratenen Fensterscheibe
gleicht. Wände fehlen in dem Raum.
Über den Boden verstreut liegen Glasperlen, auf die Uffu
vorsichtig tritt: „Ihi, seht nur, die Kugeln geben unter meinen Füßen etwas nach. Wie das quatscht … Ich dachte,
sie zerspringen in tausende von Splitt … huchhaaaa …",

gähnt Uffu und schläft ein, wie ein Vogel auf einem Bein stehend.

Annabelle sorgt sich: „Och, Uffu, schlaf doch nicht schon wieder in solch einer knochenbrecherischen Haltung ein! Oder habt ihr hier auf Uduffu Gummiknochen? Eines Tages fällst du doch noch auf deine porzellangleiche Nase. Komm, Joscha, lass uns gemeinsam versuchen sie hinzulegen …"

Als Joscha mit anpacken will, streift sein Arm Uffus Oberarmtasche mit ihrem Wissensspeicher darin. Aus der Tasche fliegen nun Zeichen, Buchstaben und Zahlen, die in der Atmosphäre verlöschen. Dann verändert sich schlagartig das Licht. Die Kinder sehen sich erschrocken um.

„Da, dda, dddda oben, siehst du, was ich sehe?", fragt Joscha seine Schwester.

„Haa …!", schreit diese beim Aufblicken.

„Na, was haben wir denn da? Ach, du vollgelauster Planeten-Affu!", unkt Uffu beim Aufwachen durch die Zähne.

Über den Kindern, auf der durchsichtigen Scheibe, läuft ein Film ab, der in ihrem Saal im Kinder-Schloss spielt, zu Hause, auf der Erde! Das Verwunderlichste ist, dass sie sich im Film selbst sehen und damit doppelt. Sie beobachten sich dabei, wie Prinzessin Annabelle und Prinz Joscha gequält Hausaufgaben machen, während Uffu diese haargenau kontrolliert.

Nun tappt der Hofhund herein, hat keine Freude an den missgelaunten Kindern und tappt wieder hinaus.

Herr Schnick serviert aufgeschlagene, rohe Wachteleier in speziell dafür angefertigten, winzigen Bechern als Stärkung für zwischendurch.

„Ja, hat man denn sowas schon …", will Uffu weiterreden, als ihr jäh etwas einfällt. Äußerst streng fragt sie die Kinder: „Habt ihr etwa zwischenzeitlich meinen Wissensspeicher bedient? Als ich geschlafen habe? Heraus mit der Sprache!"

„Nein!", ruft Joscha erschrocken und entrüstet zugleich. Annabelle verstockt: „Fffff, nä, das heißt doch … oder vielleicht … warte mal! Joscha, hast du die Buchstaben nicht auch aus Uffus Oberarmtasche fliegen sehen …?"

Joscha erinnert sich: „Oh Schreck, vielleicht habe ich deine Tasche mit meinem Arm berührt, mir war so …"

Uffu pustet böse in ihre Wasserfallhaare, in denen ein Orkan zu toben beginnt. Joscha zuckt zusammen, in Erwartung von schlimmstem Ärger. Der Haarsturm verebbt ebenso schnell, wie er aufgekommen ist.

Jetzt flicht sich Uffu einen braven Zopf und meint quietschfidel: „Toll, dann habt ihr soeben entdeckt, dass die Diebe uns kriminell ausspionieren! Diese Schufte! Über diesen Bildschirm hier haben sie uns immer im Blick, ganz privat, sie können uns ausspähen wie und wann es ihnen gefällt. Vielleicht warten sie dabei nur darauf, dass sie mir zu einem günstigen Moment den Speicher wegnehmen können. Oder vielleicht wollen sie sich beim Ausspionieren vorher noch von mir abgucken, wie der Wissensspeicher überhaupt benutzt wird? Mit dem geklauten Wissen können sie dann endlich zu Machthabern über das ganze Universum werden. Das ist also ihre Vorgehensweise."

Uffu schlägt vor Wonne einen doppelten Seitwärts-Salto. Beim Aufkommen rutscht sie auf den Glasperlen aus und landet in Zeitlupentempo auf ihrem Allerwertesten.

Annabelle fällt ein Klumpen vom Herzen, weil jetzt kein Donnerwetter mehr droht: „Sagenhaft, auf dem Film können wir sehen, wie die Zeitverschiebung zwischen Erde und Uduffu aussieht, von der du immerzu gesprochen hast, Uffu! Während wir auf der Erde Hausaufgaben machen, watscheln wir hier tage- oder wochenlang – wer weiß das schon – durch deinen Planeten. Für Mama Königin und Papa König dauert unser Verschwinden wirklich nur einen Augenaufschlag lang."

„Und den können sie eben nicht wahrnehmen!", triumphiert Joscha.

# 16. Der rätselhafte Bildschirm

Prinzessin Annabelle, Prinz Joscha und Uffu liegen im Neuland-Naturpfad-Zimmer des Planeten Uduffu auf dem Rücken. Sie betrachten den Film auf der großen flachen Bildschirm-Scheibe, die über ihnen frei in der Atmosphäre zu kleben scheint. Sie sind weich gebettet auf dem Soft-Glasperlenteppich. Auf dem Bildschirm beobachten sie sich selbst, wie sie auf der Erde, im Kinder-Schloss, zeitversetzt ihre Hausarbeiten machen.

Annabelle rappelt sich ungeduldig auf: „Wie geht es nun weiter, ihr Meisterdetektive? Was sagt uns die jüngste Entdeckung dieses rätselhaften Bildschirms?"

Joscha fühlt sich angespornt und denkt und denkt, schließlich bemerkt er: „Wir werden von irgendwem beschattet!"

Uffu tut so, als bläst sie eine riesige Kaugummiblase auf, dann lässt sie die Blase platzen: „Bravo … leider wissen wir das längst!"

Joscha donnert beleidigt zurück: „Dann befrag doch deinen oberschlauen Wissensspeicher! Durch den hast du dir das Denken eh schon ganz abgewöhnt."

„Gute Idee!", findet Uffu und drapiert im Liegen ihre fußlangen Wasserfallhaare um sich herum, wie einen Heiligenschein.

„Nicht wahr?", fordert Joscha sie heraus.

Als Scheinheilige kramt Uffu ihren Wissensspeicher aus der Oberarmtasche hervor und hält ihn wie eine Fernbedienung in Richtung der Scheibe. Schon fängt das Speicher-Gerät an zu ruckeln und zu husten und speit eine bekritzelte Schiefertafel aus, die es blitzschnell produziert hat. Annabelle fängt die Tafel im Flug auf und liest: „Krrr – kruuu – rrrrr …"

„Das ist Uduffuisch!", reißt Uffu ihr die Tafel aus der Hand. „Lass mich mal lesen, das kannst du noch nicht, dazu bist du noch zu klein."

Die Geschwister sehen sich an und Prinz Joscha meint hochnäsig näselnd: „Prinzesschen, wir sollten uns jetzt wirklich wieder in bessere Gesellschaft begeben! Uffu, würdest du uns bitte mit deinem Haarmobil nach Hause, in unser Kinder-Schloss, zurückbeför…!"

Uffu fällt ihm mitten ins Wort: „Ach, es scheint die königlichen Herrschaften nicht zu interessieren, was hier geschrieben steht?"

Gebannt schauen Annabelle und Joscha auf die dösende Wasserfallheilige, die geschwollen und umständlich den Text übersetzt: „Es iist durchaus mööglich, den Biiildschirrm zu scrooollenn."

Joscha starrt Uffu an: „Machst du dich über uns lustig, oder ist das dein Ernst?"

Uffu grinst herausfordernd. Joscha warnt Uffu: „Wehe, du machst dich über uns lustig!" und er versucht, den Film auf dem Bildschirm per Hand weiterzutransportieren. Doch er kommt nicht an ihn heran. Dann springen ihm die anderen zu Hilfe. Ohne Absprache weiß das eingespielte Dreier-Team, was jetzt zu tun ist: Uffu und Joscha halten sich an den Händen und machen für Annabelle einen Tritt. Sie steigt mit dem Fuß hinein, hält sich mit einer Hand an den beiden Kindern fest und mit der anderen versucht sie den Bildschirm über sich zu scrollen. Und siehe da! Neue Räume aus dem Eltern- und dem Kinder-Schloss werden nach und nach freigelegt.

„Da, da sind Königin Mama und König Papa, wie sie sich streicheln! Ich will nach Hause, bähh!", schluchzt Annabelle hemmungslos laut auf.

Joscha nimmt Annabelle tröstend in den Arm, bekommt selbst weiche Knie und stellt bitter fest: „Wir werden komplett überwacht! Noch nicht mal vor unseren königlichen Eltern machen die respektlosen Diebe Halt. Wenn ich rauskriege, wer dahinter steckt, den verarbeite ich zu Pflaumenmus, zu hochfein-vermustem Pflaumenmus!"

„Und ich mache die Diebe zur Strafe rund um die Uhr zu meinen Dienstboten für unnötige Botengänge …", wütet Annabelle.

Uffu klimpert heilig mit den Augen; so, wie sie meint, dass Heilige dreingucken. Insgeheim freut sie sich immens auf die Fortsetzung ihrer Verfolgung der Diebe.

# 17. Der Junge aus Turkuffu

Nun sind Prinzessin Annabelle, Prinz Joscha und Uffu
schon eine halbe Ewigkeit lang durch das Neuland-Naturpfad-Zimmer auf Uduffu gewandert, immer auf der Suche nach einem Ausgang daraus. Uffu denkt gar nicht
daran, ihren Wissensspeicher nach dem Ausgang zu befragen, sondern spielt Sport-Lehrerin und findet, dass sie
den Weg selbst suchen können. Der Weg ist besonders
beschwerlich, weil er gepflastert ist mit Soft-Glasperlen,
auf denen die Kinder manchmal ausrutschen. Einen kleinen Hügel können sie nicht erklimmen, da sie zwar oft
zwei Schritte vorankommen, aber gleich wieder drei
Schritte zurückgleiten und umgekehrt.

Mutlos stöhnt Joscha: „Wieso halten diese biestigen
Glaskugeln überhaupt auf der Schräge? Die müssten
doch eigentlich alle runterrollen? Stattdessen driften sie
nur manchmal seitlich ab."

Uffu wirft eine Glaskugel in die Höhe. Sie fliegt einen umgekehrten Bogen, nicht nach oben und wieder herunter, sondern nach unten und wieder herauf: „Du weißt doch, dass manche Gesetze von der Erde hier auf meinem Planeten nicht greifen, Joscha! Muss ich dir denn immer alles achteinhalb Mal erklären? Das versteht sich doch auch von selbst, oder?"

Annabelle staunt über den ungewöhnlichen Lauf der Kugel: „Aber die Erdanziehungskraft, die gibt es nun mal, aus und vorbei! Das hat uns Frau Wackelzahn beigebracht, das kannst du mir nicht ausreden." Schließlich wirft Annabelle auch eine Kugel nach oben, doch bei ihr fliegt sie waagerecht im rasenden Tempo von ihr weg und kommt per Zickzacklinie im Schneckentempo zu ihr zurück. Die Kinder weichen der Kugel aus und sie verpufft in dem Raum.

Ratlos und mit zusammengebissenen Zähnen macht Joscha mehrere kleine Schritte – und rutscht alles auf einmal wieder zurück: „Jetzt lass ich das eben! Ich gehe einfach nicht mehr weiter. So, das habt ihr jetzt davon! Man soll mich mit einer Sänfte von hier wegtragen … ich bin doch ein Prinz, bin ich doch …"

Verängstigt fleht Annabelle Uffu an: „Jetzt beweg schon deinen Wissensspeicher, fahr dein Flugmobil aus und bring uns wieder nach Hause! Ich finde, jetzt hört der Spaß auf, wir haben uns genug bewegt. Du bist hier nicht unsere Sport-Lehrerin, sondern nur unsere Hausaufgabenbetreuerin, wenn wir wieder zu Hause sind. So, das wollte ich nur mal gesagt haben."

Doch Uffu spielt weiter Lehrerin: „Nein, nein, Kinder, wenn ihr hier schon keine Hausaufgaben machen müsst, dann sollt ihr wenigstens was für euren Körper tun, das kann ich sonst nicht verant… Moment mal, pssst, hört ihr auch, was ich höre? Auf der anderen Seite des Hügels scheint jemand geschwind näher zu kommen, is' ja blöd!"

Annabelle ist in Alarmbereitschaft und flüstert: „Uns darf doch niemand hier sehen, damit wir nicht verraten und von den Dieben aufgespürt werden können …"

„Was du nicht sagst", erwidert Joscha und will Reißaus nehmen, was ihm aber nicht gelingt, weil er wie auf Geröll am Hang stolpert.

„Jetzt musst du dein Flugmobil ausfahren, Uffu, du musst …", bettelt Annabelle mit erstickter Stimme, „der Jemand kommt immer dichter an uns heran!"

Uffu wird unsicher und holt ihren Wissensspeicher aus der Oberarmtasche, berührt den Touchscreen und langsam verwandeln sich ihre Haare in Flugmobilflügel: „Los gehts, setzt euch … Potz Blitz, zu spät, ich sehe schon jemanden, gar nicht weit entfernt von uns!"

Ein Planetenjunge mit knöchellangen schwarzen Haaren rennt behände über die Glasperlen, ohne ins Rutschen zu geraten. Auf dem Weg hat er seinen Blick nach unten gerichtet und steckt die eine oder andere Glasperle in einen Beutel, als würde er Murmeln sammeln.

Um nicht aufzufallen, lässt Uffu ihr Flugmobil im Nu wieder einfallen und die Haarflügel werden zu den hellblauen Wasserfallhaaren. Dem fremden Jungen kehrt sie den Rücken zu.

Sie tuschelt Annabelle und Joscha zu, dass sie sich hinter ihren Haaren verbergen sollen: „Kommt Kinder, versteckt euch! Dann glaubt der andere Junge, in der Ferne sei nur ein Wasserfall … Und mit Glück hat er keinen Durst …"

Nun macht sich der Wissensspeicher selbstständig und produziert unaufgefordert Wassergeräusche auf Uduffuisch, was sich anhört wie vor sich hinbrabbelnde kleine Entlein. Die Kinder zittern wie Angsthasen hinter ihrer Wasserfall-Attrappe.

Joscha wagt einen Blick durch Uffus lange Haare: „Sapperlot! Da geht er hin, durch eine Tür aus Luft oder aus Atmosphäre, oder wie sagt man hier …?"

„Wohin, wohin verschwindet er …?", bedrängt Uffu Joscha.

„Da, genau dahin!", stammelt Joscha etwas unbeholfen.

„Ihm nach! Das ist der Weg aus dem Neuland-Zimmer heraus, da ist er endlich! Wende deinen Blick nicht vom Ausgang ab, Joscha, denn sonst verlieren wir ihn wieder! Wer weiß, ob wir eine zweite Chance kriegen?"

Joscha konzentriert sich immens, um sich beim Gehen und Schlingern auf den Glasperlen nicht von seiner Blickrichtung abbringen zu lassen.

Annabelle hat den fremden Jungen im Sinn: „Ist der geschickt! Er ist auf den Perlen gar nicht ins Taumeln geraten. Eigentlich sah er ganz nett aus. Warum verstecken wir uns vor ihm?"

Uffu spielt sich auf: „Das weiß ich auch. Klar ist er nett. Das ist ja auch ein Junge aus Turkuffu gewesen, das sehe ich ihm an. Aber bestimmt ein frecher kleiner Junge aus Turkuffu. Ich bin mir sicher, dass seine Eltern nicht wollen, dass er allein durch die abgelegenen Naturpfad-Zimmer wandelt."

Annabelle kann den Jungen nur zu gut verstehen: „Wenn es hier aber doch so schöne Glasperlen zu finden gibt …"

Die drei Kinder steuern langsam, aber sicher weiter auf den Ausgang vom Neuland-Zimmer zu. Annabelle bückt sich dabei hier und da nach einer gläsernen Kugel, doch kann sie diesmal keine vom Boden aufheben.

# 18. Zwischenlandung im Kinder-Schloss

Endlich erreichen die Zwillinge Prinzessin Annabelle, Prinz Joscha und das Planetenmädchen Uffu auf dem Planeten Uduffu den Ausgang vom Neuland-Naturpfad-Zimmer. Sie greifen ins Leere, um die unsichtbare Tür zu öffnen. Gesagt, getan, schon können sie das Zimmer verlassen.

Uffu geht voran: „Los, schlaft nicht ein, folgt mir unauffällig! Hinaus mit euch! Mein Wissensspeicher zeigt mir an, dass dies der Notausgang aus den Naturpfad-Zimmern ist. Wenn wir ein bisschen durch das All wandeln, kommen wir von außen wieder durch die Wolkenspalte in das Eintritts-Zimmer und noch weiter in das Innere von Uduffu hinein, also ganz an den Anfang unserer Reise."

Joscha nimmt Annabelles Hand, gemeinsam treten sie aus dem Zimmer hinaus … und fallen und fallen … Das ist ein Schock für die Königskinder, denn anders als das Planetenmädchen Uffu können sie im All nicht stehen. Sie halten sich gegenseitig noch fester an ihren Händen, um sich nicht zu verlieren. Auch Uffu blubbert das Herz mächtig, als sie die Kinder unter sich ins Nirgendwo sinken sieht. Vor Aufregung bekommt sie ihr Haarflugmobil fast nicht aufgebaut. Als es ihr schließlich gelingt, fegt sie im Sauseflug der Kindertraube im freien Fall hinterher, fängt sie auf und bringt sie etwas ruppig zurück an ihren Hausarbeiten-Tisch, im Kinder-Schloss, auf der Erde.

Annabelle kann sich nicht über die Rückkehr in ihr Zuhause freuen, ihr steckt die Angst noch in den Gliedern: „Warum hast du nicht erst deinen Wissensspeicher näher befragt, bevor wir das Neuland-Zimmer verlassen haben? Der hätte uns sicher noch informiert, dass Menschen hinter dem Naturpfad-Notausgang steil in die Tiefe stürzen und abdriften von Uduffu. Das hätte uns das Leben kosten können, ganz planetenlos in der Atmosphäre herumzuschweben …"

Annabelle und Joscha werfen vor Wut ihre Hausarbeiten auf den Boden und trampeln darauf herum. Laut Erd-Zeit waren sie nur einen Augenaufschlag lang auf Uduffu. Ihre Eltern haben das nicht bemerkt.

„Ach was, das hätte euch nicht *das Leben gekostet*, quackeldiquack. Ihr wärt nur auf einen weiteren Planeten abgetrieben. Der wäre vielleicht noch schöner als die Erde oder Uduffu gewesen! Vielleicht ist das ja ein großes Pech, dass ich euch eingefangen habe? Außerdem kann mein Speicher das vielleicht noch gar nicht wissen, denn wer weiß schon, ob jemals Menschen vor euch meinen

Planeten betreten haben? Bislang ging ich davon aus, dass nie einer dort war. Jetzt hat der Speicher das aber sicher gelernt, für das nächste Mal!"

Joscha tippt Uffu an ihre Schläfe: „Du glaubst doch wohl nicht, dass wir aus Spaß unsere Eltern verlassen und mir nichts, dir nichts das Weltall bereisen? Du weißt millimetergenau, dass wir nur die Diebe mit dir fangen wollen, die hinter deinem Wissensspeicher her sind, aber vielleicht taugt dieser ja gar nichts mehr, weil er uralt, nicht upgedatet und sein Wissen bereits so eingestaubt wie ein Bücherregal beim einfachen Volk ist."

„Beleidige meinen Speicher nicht, meine kurze Hoheit! Schließlich hat er das Haarflugmobil ausgefahren und euch beim Sturzflug durchs All gerettet! Zur Strafe kümmert sich mein Gerät heute nicht mehr um eure Hausarbeiten. Die könnt ihr jetzt getrost selbst machen. Übrigens stauben dann eure feinen goldenen Hirnfäden nicht ein."

Damit setzt sich Uffu neben den Hausaufgabentisch, legt ihre Beine darauf, trinkt heißen Lakritztee und beobachtet vergnügt die innerlich kochenden, hektisch schreibenden Kinder.

Joscha nuschelt leise vor sich hin und traut sich nicht, laut zu sagen, was er denkt, um sich keinen weiteren Ärger mit Uffu einzufangen: „Also, lieber würde ich jetzt meine Eltern wiedersehen, Frau Königinmutter und Herrn Königvater. Ich habe sie doch wochenlang oder monatelang nicht gesehen …"

Uffu gähnt: „Das bezieht sich nur auf die vergangene Uduffu-Zeit, auf der Erde warst du quasi nicht weg von ihnen, also mach weiter! Oder kommst du etwa nicht eine Sekunde lang ohne deine Eltern aus?"

Annabelle hat auch Wut im Bauch, lässt sie sich aber lieber nicht anmerken.

Sie denkt: „Gleich nach den Schularbeiten, da will ich aber zu Mama und Papa!"

Jetzt kommt Herr Schnick herein, macht einen kleinen Diener und teilt mit: „Die hochherrschaftliche Frau Mutter Königin und der hochherrschaftliche Herr Vater König wünschen in zweiundzwanzig Minuten mit ihrem Nachwuchs im Haupt-Schloss zu speisen.

Für Ihre Uffu ist hier nebenan eingedeckt."

Von Weitem hören sie den königlichen Hofhund kläffen.

Die Kinder scharren ungeduldig mit ihren Füßen unter dem Tisch.

EINSTIEGSIMPULSE:

1. Stellt euch vor, ihr wohnt als Prinzessin bzw. als Prinz in einem Schloss. Beschreibt eure Fantasie dazu.
2. Malt diese Fantasie mit Buntstiften auf ein Blatt Papier! Was gefällt euch in eurer Vorstellung gut daran? Was nicht so gut?

NACHBEREITUNGSFRAGEN:

1. Wie gehen die königlichen Eltern mit ihren Kindern um?
2. Wie wünschen sich die Kinder den Kontakt zu ihren Eltern?

# 19. Bloß nicht verplappern vor den Königseltern!

Nach dem reichhaltigen Mahl im Speisesaal vom Haupt-Schloss, soll noch eine japanische Teezeremonie im Tee-haus abgehalten werden. Die königliche Familie macht einen Verdauungsspaziergang dorthin. Sie wandelt ohne Umwege durch den *Teehausweg* im liebreizenden Park.

„Macht ihr auch immer fleißig eure Hausarbeiten?", möchte der König von seinen Kindern wissen.

„Hömmm, ja", antwortet Prinzessin Annabelle ein biss-chen zu spät.

Sie lügt nicht gern und muss es dennoch tun, wenn sie die geheime Mission von Uffu, Prinz Joscha und sich selbst nicht verraten will. Schließlich wollen sie den Die-ben auf die Spur kommen und Unheil vom Universum abhalten, wenn sie anstelle der Erledigung der Schulaufgaben verreisen.

„Eure Hausaufgabenbetreuerin Uffu lobt euch in den höchsten Tönen!", freut sich die Königin. „Sie ist ein fleißiges Mädchen, wenn sie euch zu hervorragenden Leistungen verhilft."

Annabelle und Joscha können sich über dieses Lob nicht recht freuen, weil es eigentlich Uffu gilt, die die Schularbeiten oft für sie erledigt, ganz geheim natürlich. Trotzdem versuchen sie stolz auszusehen.

„Allerdings", fährt die Königin fort, „sind mir eure Hausaufgaben allzu fehlerfrei. Uffu zeigt sie uns immer, wie wir es wünschen. Das ist mir fast unheimlich und kommt mir unwirklich vor. Wenn Uffu sie geschrieben hätte – sie ist ein Wundermädchen mit außerordentlichem Wissen – ja dann, aber ihr … ich staune …"

Annabelle und Joscha fühlen sich ertappt. Nun kommt ihnen der Hofhund zu Hilfe, der gerade mit fliehenden Ohren um die Ecke saust und scharf bremst, als er die Kinder sieht. Er leckt ihnen die Wangen ab, als sie sich zu ihm herunterbeugen.

„Nicht doch, nicht doch, das ist bäbä!", tadelt der König.

„Ach, Königin Mami, König Papi, wir haben euch so vermisst …", fällt Annabelle ihrer Mutter sehnsuchtsvoll in den Arm.

„Ja, wir waren so lange fort von euch", schluchzt Joscha auf und drückt seinen Papa.

Etwas steif stehen die Eltern da und der Vater meint: „Aber Kinderchen, so viel Gefühl geziemt sich nicht für waschechte Königskinder …" Und die Mutter fährt fort: „Wir sehen uns doch häufig zu den Mahlzeiten … ihr könnt uns nicht lange vermisst haben …"

„Na ja …", versucht Joscha die Situation zu retten, denn er kann unmöglich erklären, dass sie zwischendurch für lange Zeit auf dem Planeten Uduffu waren und ihre Eltern das nur nicht mitbekommen haben, wegen der anderen Zeitrechnung bei ihnen auf Erden. „… Na ja, wir meinen, dass … dass ihr uns oft fehlt, weil … weil wir jetzt häufig im neuen Kinder-Schloss sind …"

„Na hört mal", plustert sich die Königin auf und befreit sich von ihrer Tochter, „ihr habt euch doch so über die Möglichkeit gefreut? Wer bekommt schon ein Kinder-Schloss als Geburtstagsgeschenk?"

Der König lässt Joscha los, grübelt und flüstert seiner Frau mit vorgehaltener Hand zu: „Du siehst, wir verwöhnen sie zu sehr! Sie können sich gar nicht richtig über unsere Geschenke freuen. Wir hätten nur ein halb so großes Kinder-Fertigschloss kaufen sollen …"

„Ganz recht, mein Treuer, ganz recht!", tuschelt die Königin erschrocken zurück.

Der Hofhund bellt jetzt an einer Abzweigung.

„Mama, Papa, er will euch unser Kinder-Schloss von innen zeigen. Ihr wart noch nie dort", bettelt Joscha.

„Ja, wir können doch auch dort unsere Tee-Zeremonie abhalten!", wünscht sich Annabelle, „Herr Schnick kann feinen Lakritztee …"

Entschieden lehnt der König das ab: „Nein, Kinder, so geht das nicht! Im Tee-Haus ist angerichtet und wir müssen uns an unsere Abläufe halten. Wo kämen wir sonst mit unserem Regierungs-Geschäft hin, wenn wir alle Pläne kurzfristig verwerfen?"

„Och, können wir nicht wenigstens alle zusammen einen Wettlauf zum Teehaus machen?", spornt Joscha die Familie an.

Die Königin wird ernst: „Joscha, wir haben keine Zeit für Spielereien. Übrigens müssen wir morgen für ein Weilchen verreisen. Wir jetten durch die Welt, auf Einladung von befreundeten königlichen Staatsoberhäuptern. Es gibt wichtige Angelegenheiten zu bereden."

„Mensch, schade!", Joscha fühlt sich plötzlich klein und hilflos und sucht König Papas Hände in dessen weiten Königsmantelärmeln.

„Kein Problem", Annabelle versucht tapfer zu sein, „ihr seid ja bald wieder zurück."

„Was für wichtige Sachen habt ihr denn zu besprechen?", horcht Joscha auf.

„Das gehört nicht in Kinderohren, Joscha!", ermahnt der König seinen Sohn und drängt weiter.

## 20. Die Kinder machen eine weitere bodenlose Entdeckung

Während die Königin und der König verreist sind, sollen die Prinzessin Annabelle und der Prinz Joscha ganz im Kinder-Schloss wohnen und nicht nur zum Spielen und Lernen wie sonst. Beide kommen gerade vom Abendunterricht mit ihrer Hauslehrerin Frau Wackelzahn in den Kinderzimmersaal gestürzt. Es ist mittlerweile dämmrig darin geworden und sie sehen Uffu auf einem ihrer königsblauen Sesselchen vor dem Fernseher platziert, schlafend und singend, alle Viere von sich gestreckt, mit der Fernbedienung in der Hand.

„Die pennt sogar vorm laufenden Fernseher!", schmunzelt Joscha.

Annabelle ist vernünftig: „Frau Wackelzahn hat gesagt, wir sollen heute kein Fernsehen mehr schauen!"

Sie geht zu Uffu, nimmt ihr die Fernbedienung aus der Hand und möchte das Gerät ausschalten.

Aber Joscha entreißt ihr die Fernbedienung: „Mama und Papa sind doch nicht da. Dann können wir machen, was wir wollen."

„Na warte …", Annabelle rennt hinter Joscha her und möchte sich die Fernbedienung wiederholen. „Und was machst du, wenn Frau Wackelzahn später reinguckt und Mama und Papa berichtet, dass wir fernsehen, du Hirni?"

Als sie sich die Fernbedienung schnappt, rangelt sie mit Joscha auf der Erde herum, beide zerren sie an ihr.

Das Gerät schlägt Funken und die Kinder erschrecken sich:

„Vorsicht, die Fernbedienung ist kaputt, dann darf man sie nicht mehr benutzen. Sonst kann man sich daran verletzen", ist Joscha besorgt.

Plötzlich beginnt sich der Glasfußboden im Kinderzimmer unter ihnen zu verwandeln; der Fernseher schaltet sich nicht aus und sein Bild verändert sich nicht, sondern es erscheint ein Film auf dem Fußboden, in voller Saalgröße.

„Was ist das?", fragt Joscha überrascht und springt auf.

„Das … das sind Uduffus da auf dem Boden!", schreit Annabelle und stopft sich alle Fingerspitzen in den Mund.

Bei diesem Stichwort und Lärm schreckt auch Uffu aus dem Schlaf hoch und ist entsetzt, als sie die offensichtlich heimlich gedrehten Aufnahmen aus ihrer Planeten-heimat auf dem gläsernen Fußboden sieht: „Bei meinem eingerosteten Fußgelenk, was geht hier vor? Wer wagt es, nicht nur uns auszuspionieren, bei Hofe, auf der Erde, sondern auch die Uduffus auf meinem Heimat-Planeten? Das ist eine bodenlose ... Himmel, habt ihr meinen Wissensspeicher gesehen? Potz der Donner, er ist weg, es hat ihn schon jemand geklaut, darum die ganze Ausspioniererei! Jetzt haben die Diebe ihr Ziel erreicht", gibt Uffu mutlos auf. „Nun komme, was wolle ... und ich Schlaf-mütze bin schuld an dem Drama, ich habe meinen Wissensspeicher nicht gut genug bewacht. Was wohl meine werten Eltern dazu sagen werden, wenn ..."

Uffu weht wie irre mit ihrer langen Mähne herum.

Annabelle und Joscha sehen sich an. Sie sehen wieder weg und sehen sich wieder an.

Annabelle fragt Joscha mit staubtrockener Kehle: „Glaubst du auch, was ich glaube?"

Joscha nickt schuldbewusst.

Laut räuspernd wendet sich Annabelle an Uffu: „Ist das dein Wissensspeicher?", und zeigt ihr die vermeintliche Fernbedienung.

„Ja, ja und nochmals ja, oh du zerknitterte Tüte, hast du mich erschreckt! Damit spaßt man aber nicht, weißt du ..."

„Es war doch kein ... kein Spaß ...", stammelt Annabelle den Tränen nahe. „Wir dachten es ist die ... de ... die Fernbedienung."

Sie duckt sich, einen donnernden Wortschwall von Uffu erwartend.

Stattdessen bekommen Annabelle und Joscha einen Schmatzer auf ihre Wangen, den sie schnellstmöglich mit ihren Ärmeln abwischen.

Uffu tanzt von einem Bein auf das andere, sodass ihre bodenlangen Haare mitschwingen: „Ihr habt wieder eine heiße Spur der Diebe entdeckt! Nicht nur wir im Schloss werden beschattet, sondern auch die Uduffus! Das ist brutalomat, eine eingedoste Frechheit!"

Schließlich kniet sich Uffu auf den Glasboden zu den Uduffus im Film und knutscht diese ab, vor lauter Wiedersehensfreude, dass es nur so knautscht. Wie gern würde sie ihre Planetengenossen endlich in echt wiedertreffen, sich ihnen nähern und darf es noch nicht. Denn schließlich sind die Diebe noch nicht gefasst und dürfen um keinen Preis Wind davon bekommen, dass die Kinder ihnen auf der Spur sind. Nun knufft sie ihren Wissensspeicher und steckt ihn zur Sicherheit gleich in ihre Oberarmtasche.

## 21. Die jungen Detektive wissen nicht weiter

Unangenehm berührt beobachten die Kinder das Uduffu-Völkchen durch ihren eben entdeckten Glasfußboden-Bildschirm, der den ganzen Saal im Kinder-Schloss einnimmt. Gleichzeitig sind sie tief berührt, weil es darin so friedliche Situationen unter den Planetenbewohnern zu sehen gibt.

Prinzessin Annabelle sagt mit ungutem Gefühl: „Sollten wir jetzt nicht den Mitschnitt der Diebe ausschalten? Wir können die Leute doch nicht einfach ausspähen, wenn sie gar nichts davon ahnen! Sonst machen wir genau dasselbe wie die Diebe und sind auch kein Stück besser als sie! Wisst ihr, wo man den Bildschirm abschalten kann?"

Annabelle sucht den Boden nach einem Schalter ab und findet keinen.

„Das ist alles prima, Schwesterlein", geht Prinz Joscha nachdenklich über den flimmernden Glasboden. „Nur hast du vergessen, dass dieser Bildschirm auch eine Möglichkeit für uns ist, Uffus Wissensspeicher-Dieben auf die Spur zu kommen. Wir sind in der Pflicht, die Aufnahmen nach Tätern, Tatmotiven oder sonst irgendwelchen Indizien zu durchforsten. Schließlich sind wir hier als Uffus Privatdetektive eingestellt …"

Uffu zeigt nach unten, erklärt Annabelle und Joscha: „Seht ihr, das ist der Marktplatz vom Uduffuja-Zimmer in meiner Planeten-Heimat. Er befindet sich weit im Inneren von Uduffu, wo wir auf unserer Reise neulich noch nicht hineindurften. Manchmal kommen auch meine Eltern dorthin, um Truff-Obst oder Glunka-Brot zu kaufen."

Sie nimmt sich ein Taschentuch aus dem Marmor-Spender: „Ich möchte sie … schnäuz … so … schnäuz … so gern … uffhuhu … sehen! Und sie euch zeigen … schnäuz." Nun weint Uffu drauflos wie ein Sturzbach.

„Wissen Sie vielleicht, wie wir Uffu trösten können?", fragt Annabelle einen Uduffu auf dem Bildschirm, mit gelben, knöchellangen Haaren und Schlitzaugen. „Oder wissen Sie das vielleicht? Uffu möchte auch gern in Ihrer Gesellschaft sein, sie braucht Sie alle dort unten!"

Joscha folgt ihrem Beispiel und wendet sich nach unten zu einer Uduffurin mit kaffeebrauner durchschimmernder Haut und schwarzen, knöchellangen Haaren: „Haben Sie die Diebe gesehen? Können Sie uns helfen, die Diebe zu finden? Wir wollen endlich wieder in Ruhe auf unseren Wasserbetten schlafen und Austern schlürfen …?"

Als die Uduffus nicht auf die Kinder reagieren, sondern weiter ihrem Tagewerk nachgehen, tätscheln Annabelle und Joscha Uffu tröstend den Rücken, der sich dadurch schon ein wenig aus seiner gebeugten Haltung befreit und aufrichtet.

Nunmehr fröhlich, bekommt Uffu etwas frische hellblaue Gesichtsfarbe: "Ist mein Planet nicht eine Wucht?"

Mittlerweile sorgt sich Joscha: "Aber wenn deine Eltern dort manchmal einkaufen, dann kommen sie doch genau in das Bildschirm-Blickfeld der Diebe! Was ist, wenn die Diebe deine Eltern bedrängen und versuchen über sie an deinen Wissensspeicher heranzukommen?"

Annabelle grübelt: "Aber warum sollten die Diebe Uffus Eltern von unserem Kinderzimmersaal aus beobachten, warum gerade von hier aus?

Ja, den anderen versteckten Bildschirm im Neuland-Naturpfad-Zimmer auf Uduffu, den wir neulich auf unserer Reise entdeckt haben, der eine Beobachtungs-Kamera auf uns hier alle im Schloss gerichtet hat, den fand ich noch verständlich. Mit dem können die Diebe planen, wann sie am besten zugreifen, um Uffus Wissensspeicher in einer günstigen unbeobachteten Minute zu klauen.

Aber der Bildschirm hier? Was soll der? Das alles zusammen macht gar keinen Sinn für mich. Was hat das alles zu bedeuten?"

"Nun hab ich aber die Faxen dicke!", Joscha holt seine Tennisausrüstung und dazu passende Kleidung aus dem Schrank. "Womöglich gibt es die Diebe überhaupt gar nicht? Und die Bildschirme, die haben vielleicht unsere Königseltern und ihre Königsfreunde überall aufgestellt, um das Universum ganz allgemein sicherer zu machen …"

Damit schlägt er einen Tennisball durch das Zimmer, dass es an der anderen Wand beim Aufprall knallt.

Entschieden schüttelt Annabelle den Kopf: „He, pass mal auf! … Das würden unsere Eltern und die anderen Chefs nie, nie machen! Das dürfen die doch gar nicht, alle beobachten! Wir Menschen und die Uduffus sind doch nicht alle mögliche Schwerverbrecher, die man ausspionieren muss. Und uns müssen sie schon gar nicht ausspähen, wir sind doch ihre Kinder und … und Uffu!"

„Na, und wenn sie es doch waren?", Joscha donnert den nächsten Ball los.

„Glaub ich nicht!", Uffu schnappt sich blitzschnell Joschas Tennisbälle, rennt in den Park und ruft ihm dabei zu: „Hol sie dir, hol sie dir!"

Schwanzwedelnd kommt auch der Hofhund angerannt und freut sich, dass endlich etwas los ist.

# 22. Fast fliegt das Geheimnis auf

Uffu aus dem Planeten Uduffu weiß nicht so recht, was sie mit Prinz Joschas Tennisbällen anfangen soll und riecht an ihnen, als ihr jäh einfällt: „Freunde, wir haben vergessen, den Boden-Bildschirm auszuschalten, im Kinder-Schloss in eurem Kinderzimmersaal! Wenn nun gerade Herr Schnick oder eure Lehrerin Frau Wackelzahn vorbeischauen und mitbekommen, dass wir darin bis zum Planeten Uduffu sehen können? Was dann?"

Wie eingerostet ist Prinz Joscha nicht in der Lage, etwas zu tun: „Dann … dann fliegt unser ganzes Geheimnis auf! Dann können wir unseren Detektiv-Fall auf die königliche Müllhalde kippen …"

Wie eine Aufziehfigur fängt Uffu nun an zu rattern und taumelt wie benommen Richtung Kinder-Schloss, die Zwillinge folgen ihr zögerlich.

Im Kinderzimmersaal hält Uffu ihren Wissensspeicher verkrampft in den Händen und sucht bei dem Gerät unter Zeitdruck die Funktion, mit der sie den Boden-Bildschirm ausschalten kann – der noch immer die Marktszene auf Uduffu wiedergibt, sodass sich der Fußboden wieder zu einem normalen Glasboden verwandeln kann: „Willst du wohl ausgehen, du verflixtes Ding, verflixtes!"

„Mach schon, schnell, ich höre jemanden von draußen reinkommen …", haucht Joscha schreckensstarr.

Um den fußbodengroßen Bildschirm unsichtbar zu machen, schmeißt sich Prinzessin Annabelle auf ihn, doch sie deckt fast nichts ab von der Szene aus Uffus Heimat-Planeten Uduffu.

Dann stößt jemand die Tür auf. Langsam drehen sich die Kinder um: Es ist der Hofhund, der sich vielleicht fragt, warum die Kinder an einem so schönen Tag wieder nach drinnen gehen. Ein kurzes Aufatmen ist den Kindern nun gegönnt.

Über den Boden rollend hält Annabelle inne: „Nein, da … da, im Bild kauert der Junge aus Turkuffu! Wisst ihr? Der, den wir neulich auf unserer Planeten-Reise von Weitem gesehen haben … der, der die Glasperlen gesammelt hat. Er hockt abseits auf einer umgedrehten Obstkiste und schaut dem Markttreiben zu …"

Die anderen kommen überrascht hinzu.

„Was macht der Junge jetzt?", Annabelle verfolgt ihn weiter gebannt mit den Augen. „Seht nur, er holt ein paar Münzen aus der Hosentasche, zählt sie und steckt sie wieder ein. Nun geht er aus dem Bild heraus."

„Was er wohl hat?", fragt sich Joscha.

„Ja, was wohl?", wühlt Uffu mit einer Hand in ihren fußlangen hellblauen Haaren herum, als würde eine Unruhe durch ein Gewässer ziehen.

Nun legt der Hofhund seine Vorderpfoten auf Uffus Oberkörper und schleckt über ihre andere Hand und den darin liegenden Wissensspeicher. Jäh schaltet sich der Bodenbildschirm aus und verwandelt sich in seinen Ursprung zurück, in einen gläsernen Fußboden.

„Was hast du nur …?", will Uffu gerade ausstoßen, als Herr Schnick mit einem Rollwagen und dampfenden silbernen Essensschalen hereinschleicht.

„Das Essen ist gleich angerichtet, die Herrschaften!"

„Jetzt sch…?", unterbricht sich Joscha auf der Stelle wieder.

Uffu kann das Essen kaum erwarten und nimmt einen Deckel von einer Schale ab: „Ich glaube, die winzige Portion hier schaffe ich ganz allein."

„Für dich, Uffu, decke ich wie üblich in deinem Zimmer nebenan", erinnert sie Herr Schnick freundlich an die Regeln im Schloss.

# 23. Nächtliche Botschaft

Nachts werden Prinzessin Annabelle und Prinz Joscha von einem Klopfzeichen geweckt. Es kommt aus ihrem Glasboden im Saal vom Kinder-Schloss.

Annabelle packt die kalte Angst: „Los Joscha, lass uns Uffu aus ihrem Zimmer holen! Wenn Mama und Papa nur endlich von ihrer Reise zurückkämen und wir wieder bei ihnen im Haupt-Schloss schlafen könnten!"

Leise schleichen die Kinder im Gang an dem Zimmer von ihrer Lehrerin Frau Wackelzahn und dem von Herrn Schnick vorbei, aus dessen Tür Licht durchschimmert. Eine Tür weiter huschen sie in das Zimmer vom Planetenmädchen Uffu.

„Hmhmmmmrrrrr", versucht Uffu etwas zu fluchen, als sie von den Kindern aus dem Schlaf gerissen und ihr der Mund zugehalten wird.

„Es klopft aus dem Glasboden", flüstert Joscha Uffu ins Ohr.

Nun sitzt Uffu kerzengerade in ihrem Bett. Kurz darauf gehen die Geschwister auf Zehenspitzen in den Kinderzimmer-Saal zurück, begleitet von Uffu. Auf dem Weg dahin dringt nun kein Licht mehr durch die Türe von Herrn Schnick in den Gang hinein.

Im Saal hantiert Uffu sogleich an ihrem Wissensspeicher herum und macht, dass der Glasfußboden wie am Tag zuvor als Bildschirm funktioniert und einen Film zeigt: Darauf ist jetzt der Junge aus Turkuffu aus Uffus Heimat-Planeten Uduffu zu sehen, wie er von unten an den Bildschirm klopft.

Die drei Kinder sehen sich aus den Augenwinkeln heraus an. Joscha vermutet: „Er möchte uns was sagen, schalte mal die externe Spracherkennung dazu."

Uffu bearbeitet ihren Wissensspeicher und dadurch entsteht eine Konferenz unter acht Augen, wobei jetzt jeder jeden im Raum bzw. im Film sehen und hören kann.

„Wer bist du?", fragt Uffu barsch, nachdem der Junge schweigt. „Kein Uduffu darf wissen, wo ich bin! Wie hast du es herausbekommen, dass ich mich hier und auf der Erde befinde?"

Der Junge aus Uduffu druckst herum.

„Sag, was willst du von uns?", kommt Joscha zögerlich etwas näher an den Bildschirm heran.

Der Junge aus Turkuffu späht im Bildschirm mit den Augen den Kinderzimmer-Saal aus, ob keine weitere Person heimlich mithört. Kurz angebunden und gehetzt sagt er:

„Ich kenne euer Geheimnis und ich habe auch eins. Wir müssen uns treffen. Ihr findet mich hinter einer Tür versteckt, im Türen-Zimmer auf Uduffu. Kommt schnell!"

Der Turkuffu-Junge schnipst mit beiden Händen und schlagartig schaltet sich daraufhin der Bildschirm im Glasboden von selbst aus. Ein klirrender Schreck durchfährt die Kinder, als es an der Tür pocht.

Herein tritt Herr Schnick und schiebt einen Essenswagen vor sich her: „Frühstück ist gerichtet für die Prinzessin und den Prinzen, für Uffu in ihrem …"

„Herr Schnick, es ist mitten in der Nacht, sie gehören ins Bett!", Annabelles Herz rast enorm.

„Huch, na sowas! Tja, man wird nicht jünger", gibt sich Herr Schnick überrascht. „Dann habt ihr aber erst recht, nachts nichts außerhalb eures Bettes zu suchen. Ab und marsch zurück mit euch, sonst maile ich eure Nachtaktivität später an eure Eltern ins Ausland!"

„Das ist schon ein sonderbarer Zufall, dass Herr Schnick um diese Uhrzeit bei uns im Kinder-Saal auftaucht", überlegt Joscha kurz darauf mit Blick auf das Stoff-Sternengewölbe von seinem Himmelwasserbett, in das er schließlich selig einsinkt.

EINSTIEGSIMPULSE:
1. Was ist das Internet? Was kann es? Vor- und Nachteile für Kinder?
2. Was ist ein Update? Und wozu benötigt man es von Zeit zu Zeit?

NACHBEREITUNGSFRAGEN:
1. Die Kinder erdenken sich ein sehr leistungsstarkes Internet, das sogar Uffus großen Wissensspeicher updaten, also auf den neusten Stand bringen kann. Wie nennen sie es?
2. Wer will die Kinder zu dem geheimnisvollen Jungen aus Turkuffu bringen?

# 24. Braucht Uffus Superhirn ein Update?

„Einen Augenaufschlag lang reisen wir nach Uduffu!", spricht das Planetenmädchen Uffu in ihren Wissensspeicher, als Prinzessin Annabelle und Prinz Joscha Hausaufgaben machen, in ihrem Kinder-Schloss auf der Erde. Auf der Stelle übernimmt jetzt Uffus Wissensspeicher zuverlässig die Hausaufgaben, während die Kinder auf Uffus Haarmobil zu ihrem Heimat-Planeten Uduffu fliegen, fahren und tauchen. Es ist ein langer und beschwerlicher Weg von der Erde, durch die Wolkenspalte und wiederholt durch einige abgelegene Naturpfad-Zimmer.

Auf einem Rastplatz von den Nomaden-Dieben verschnaufen sie und haben das Gefühl, sie reisen im Kreis herum.

„Endlich ausruhen!", schnauft Annabelle.

„Endlich was zwischen die Kiemen!", seufzt Uffu und stopft sich liegen gebliebenes Diebesgut in die Backentaschen.

„Endlich dies, endlich das …", äfft Joscha die anderen nach, „wir kommen nicht von der Stelle und ihr seid faul wie die Plumpsäcke. Wie echte Detektive kommt ihr mir nicht gerade vor."

Doch als Annabelle sich mühselig wieder aufrichten will, fällt auch Joscha wie ausgebrannt von der Reiseanstrengung über die Reste der Nomaden-Diebe her und erholt seine bleischweren Glieder in einer Ruhe-Grube, sodass Annabelle sich auch wieder hinlegt.

Wie reisekrank sagt Joscha: „So weit waren wir bei unserer letzten Tour hierher auch schon. Wenn du nur wenigstens deinen Wissensspeicher upgedatet hättest, Uffu, dann könnte der uns jetzt vielleicht zu dem Türen-Zimmer bringen und zu dem Jungen aus Turkuffu mit seinem Geheimnis für uns, aber du lernst eben nichts dazu, da ist diese Tour ganz zwecklos. Ach, wenn ich nur zu Hause im Kinder-Schloss geblieben wäre, dann könnte ich jetzt königlich in meinem Himmelbett thronen und mir von Herrn Schnick warme Umschläge und moussiertes Erdbeersorbet kredenzen lassen."

„Schnickschnack, Herr Oberlehrer", fordert Uffu Joscha heraus, „dann streng mal dein verzärteltes Prinzenköpfchen an und quetsche heraus, wie du meinen obergenialen Wissensspeicher hier auf Uduffu und überhaupt updaten kannst? Vielleicht in einem weltraumtauglichen GIGANTONET made by Joscha in Erdhausen?"

Annabelle springt in die Höhe und ist begeistert: „Das ist es, ja, das ist es, wir brauchen für den Wissensspeicher ein Update! Und zwar kein Update aus dem normalen Internet, sondern eins aus dem *Gigantonet*, dann können wir ihn auf den neusten Stand bringen und somit ist das Gerät vollkommen wissend und kann uns zu dem Jungen aus Turkuffu bringen. Oder am besten soll es uns gleich zu den Dieben bringen, damit wir sie überlisten können, den geheimnistuerischen Jungen brauchen wir dazu dann nicht mehr. Schließlich können wir wieder zu Mama Königin und Papa König zurück, erzählen ihnen unsere Geschichte und kommen als Retter der Nation in alle adligen Königsschulzeitungen. Dann kriege ich vielleicht später einen superlativen Prinzen als Mann. Das wäre ein Knaller!"

„Träum weiter, Prinzesschen!", bringt Joscha seine Schwester wieder auf den Boden der Tatsachen zurück. „Und wo finden wir dieses *Gigantonet*? Es wird jedenfalls nicht auf dem Marktplatz von Uduffu verkauft. Das glaube ich zumindest nicht …"

Wie aus lockerem Himmel sinkt eine kleine Wolke herab und stößt an Annabelles Kopf. „He, muss das sein?", fährt diese zusammen.

„Tschuldigung", nuschelt die Wolke verschämt, „ich muss noch üben, die Richtung einzuhalten. Ich bin von dem Jungen aus Turkuffu geschickt worden und soll euch zu ihm ins Türen-Zimmer bringen."

Joscha reibt sich die Augen: „Ich glaube nicht an Märchen, du Spaßvogel! Und eigentlich sind wir auf der Suche nach Dieben."

„Dann eben nicht!", will die Wolke beleidigt verdampfen.

„He, halt, hiergeblieben!", versucht Annabelle die Wolke aufzuhalten. „Was bist du denn für eine Wolke?"

„Ich bin eure Glücksbringer-Wolke", sagt sie wieder zufrieden mit sich und dem Universum. „Wollt ihr mir jetzt folgen oder nicht?"

„Na gut, lieber einer Wolke hinterherdackeln, als im Kreis zu gehen oder in der Nase zu bohren!", drängt Uffu Annabelle und Joscha aus ihrer Ruhepause heraus, hinein ins Ungewisse.

EINSTIEGSIMPULSE:
1. Was ist ein Navigationsgerät (Navi)? Wo wird es häufig benutzt?
2. Zeichnet eine Wegbeschreibung von eurer Schule zu euch nach Hause, mit Bleistift oder Füller, in euer Heft. Oder beschreibt eurem Nachbarn den Weg und umgekehrt.

NACHBEREITUNGSFRAGEN:
1. Zur Geschichte: Welchen Weg gibt das Navi von der kleinen Wolke vor, damit die Kinder zu dem Jungen aus Turkuffu kommen?
2. Knetet oder tuscht eine Figur aus der Geschichte.

## 25. Mit dem Navi durch Uduffu

Die kleine Wolke, die Prinzessin Annabelle, Prinz Joscha und Uffu vom Planeten Uduffu zu dem Jungen aus Turkuffu bringen soll, kramt in ihrer Wasserdampftasche: „Wo habe ich es nur? … Eben war es noch da … verdammicht, da juckt mich doch der Wassertropfen … gruschtel, gruschtel … hier, hier haben wir das kleine Ding, das Navi. Komm, zeig uns den Weg!"
Als die kleine Wolke „Türen-Zimmer" als Ziel in das Eingabefeld vom Navigations-Gerät haucht, stottert es schwarze Rauchwolken aus seinem kleinen Auspuff hervor und gibt folgende Wegbeschreibung an, die die Wolke vorliest: „Wandert zügig ins Knete-Zimmer, dann zum

Umgekehrt-Zimmer und weiter durch das *Klebrige Zimmer*. Von dort geht es bald aus den Naturpfad-Zimmern heraus und weiter bis zum Türen-Zimmer, tief im Inneren von Uduffu." … „Alles klar?", hängt die Wolke hintendran.

Etwas verschüchtert von der ungewöhnlichen Vorstellung antwortet Annabelle übertrieben lässig: „Alles klar!"

Schon verdampft die Wolke und hinterlässt den Kindern Wasserdampf-Rinnsale als Spuren, damit sie ihr folgen können. Der Weg geht nach links, scharf rechts, dann nach rechts oben, nach links oben, nach unten, immer schneller und dann geradeaus.

Schließlich gelangen sie ins Knete-Zimmer, das sie nur ungern so schnell durchlaufen wollen, wie es die kleine Wolke mit *Volldampf voraus* vorgibt.

Joscha ertappt sich dabei, wie er auf der Durchreise sein königliches Himmelbett aus Knete nachbaut und sich selbst in Miniatur hineinlegt. „Ach ja!", atmet er schwer auf.

Uffu zupft sich ein Stück Knete vom Weg ab und formt eine Handvoll Grummi-Grummi-Baum-Blätter. Annabelle modelliert ein Messer.

Als die kleine Wolke zurückweht zu ihnen, um zu schauen, wo die Kinder hinter ihr bleiben, berappeln sich alle und ziehen weiter in Richtung Umgekehrt-Zimmer.

## 26. Ein kleiner frecher Dieb

Auf ihrem Weg zum Jungen aus Turkuffu, sind die Kinder
gerade dabei, die Schwelle vom Knete-Zimmer ins Umgekehrt-Zimmer zu überschreiten. Der kleinen Wolke, die
die Kinder mit ihrem Navi auf ihrer Reise lenkt, macht der
Zimmer-Wechsel nichts aus, weiterhin hängt sie in der
Luft. Bei Prinzessin Annabelle, Prinz Joscha und Uffu dagegen, zeigt sich die Umstellung von einem Zimmer in
das andere stärker. Beim Betreten der Übergangsschwel-
le ins Umgekehrt-Zimmer hinein, fühlt es sich für sie an,
als würde ihnen jemand die Beine wegziehen und sie umgekehrt an eine Wäscheleine hängen, mit den Füßen
nach oben und mit dem Kopf nach unten. Während bei
dem Planetenmädchen Uffu das Blut nicht in den Kopf

sinkt, weil sie bei der Tour durch ihren Planeten Uduffu zu Hause ist, geht es den Erdbewohnern Prinzessin Annabelle und Prinz Joscha anders: Annabelle stottert: „Joscha, d-d-dein Kopf ist g-g-g-ganz r-rot!"

Joscha versucht erste Schritte kopfüber in der Luft hängend zu gehen: „Guck dich mal an! deine Birne sieht genauso potzrot aus, das Blut sinkt halt hinein. Doch mir macht das nichts aus. Ich fühle mich nicht anders als vorher, außer, dass alles irgendwie umgekehrt ist jetzt …"

Annabelle stellt erstaunt fest: „Ne, mein Körper und ich, wir kommen auch prima damit zurecht, dass wir auf den Kopf gestellt wurden – auf Uduffu ist eben alles anders als bei uns auf der Erde. Joscha, dich sehe ich eigentlich nicht umgekehrt, denn wir stehen ja beide auf dem Kopf.

Aber schau, Uffus lange hellblaue Wasserfallhaare hängen herunter und wischen über den Boden, wie ein vollgesogener Wischmopp, hihi …"

Uffu zieht mit der Hand eine lange Nase und lässt sie dann los wie ein gespanntes Gummiband, welches dann gespielt schmerzhaft an der Nase landet: „Statt dich über mich lustig zu machen und nur herumzuhängen, erkläre mir lieber mal, wie wir hier vorankommen können, du Prinzessin Rotkohl, äh, Prinzessin Rotkopf!"

„Na hör mal, Uffu, du alte Rostlaube, nenn mich nicht noch mal *Prinzessin Rotkohl*! Sonst reise ich sofort wieder auf die Erde zurück und du kannst deinen dummen Dieben selbst hinterherlaufen."

Prinz Joscha verteidigt seine Schwester eigennützig: „Dann reise ich mit dir zurück, Schwesterlein zart. Wenn es so kommt, dann können wir wieder Austernschlürfen und auf wohltemperierten Wasserhimmelbetten nächtigen …"

Uffu platzt der Oberarmtaschenknopf, weil ihr Wissensspeicher umgekehrt auf ihn drückt, sodass das Gerät herausfällt. Der kleinen Wolke entgeht nichts, sie fischt es auf, fängt sogleich an, sich neugierig am Wissensspeicher zu schaffen zu machen und will damit jeden Moment wegfliegen. Annabelle, die das bemerkt, quillt über vor Wut. Sie fängt an, auf ihren herunterhängenden Händen zu ihr hinzulaufen, streift dabei ihre Schuhe ab und holt den Wissensspeicher ruckzuck mit den Zehen von der verdutzten Wolke zurück, knapp vor deren Fluchtversuch. Anschließend schnauzt sie sie an: „Du kleine, biestige Wolke, was bist du nur für ein ausgetrickstes Ding! Erst zeigst du uns den Weg, damit du uns dann beklauen kannst? Ich dachte, Diebe sähen anders aus, aber heute gibt es die wohl schon in Wolkenform, sehr einfallsreich …"

Joscha fragt die bibbernde Wolke streng: „Wer bist du wirklich? Und wer schickt dich, du Wolf im Wolkenkleid?"

Da weint die kleine Wolke tausende von Kummertropfen: „Ich wurde so programmiert, dass ich alle Geräte klauen soll … huhääää. Ihr müsst bei eurem Wissensspeicher eingeben … huhääää, dass er die Annäherung von Wolken ablehnen soll … huhääää."

Uffu, die inzwischen den Wissensspeicher in den Händen hält, befolgt den Ratschlag halbherzig und versucht das Gerät entsprechend zu programmieren. Danach fährt ihr Haarmobil aus, das auch umgekehrt fahrbereit ist und die Kinder ebenso huckepack nimmt.

Im nächsten Augenblick klaut die Wolke den Speicher erneut und gerät beim Diebstahl in Panik: „Nein, nicht bestrafen, bestraft mich nicht! Uffu muss ihrem Wissensspeicher einen falschen Befehl gegeben haben. Uffu, du solltest ins Display eingeben, ich soll mich diesem Gerät nicht annähern. Dafür kann ich jetzt aber nichts …", damit will sich die Wolke samt Apparat vernebeln.

Kurz vor dem Verflüchtigen der Wolke kann Uffu jedoch mit dem Haarmobil umgekehrt fliegend, über der Wolke an ihr vorbeischrammen und sich im Vollbrass ihren Wissensspeicher zurückerobern.

Gleich darauf regnet die kleine Nebel-Wolke ab und ist nicht mehr zu sehen.

Uffu ist überglücklich, dass sie ihren Speicher gerade noch einmal retten konnten. Sie vergisst darüber aber, ihren Apparat so zu programmieren, dass ihr zukünftig auch andere Wolken nicht mehr gefährlich nahe kommen können.

Annabelle hält sich im Flug über Kopf noch stärker bei Uffu am Haarmobil, an ihrem abstehenden Haarbüschel, fest: „Schade, gerade wollte ich die Wolke danach ausquetschen, wer sie eigentlich so programmiert hat, dass sie Geräte klauen soll. Jetzt ist es zu spät, sie zu fragen. So ein Mist!"

Joscha hält sich umgekehrt an Uffus geflochtenem, um den Kopf gewickelten Zopf fest. Er fühlt sich gerade so, als würde sich ihm auch der Magen umdrehen, und meint: „Schwesterlein, du sagtest: *Geräte klauen soll*? Du meinst wohl *unseren Wissensspeicher klauen soll*! Wenn ich endlich den Anstifter erwische, der hinter dem ganzen Schlamassel steckt …"

Langsam müde werdend, bringt Uffu gerade noch beim Steuern ihres Haarmobils heraus: „Also, Herr von Joscha Austernschlürfer, soll ich Sie nun in Ihr Himmelbett auf der Erde zurückfliegen?"

Joscha schaut in Annabelles ängstliche Augen, ringt mit sich und entscheidet dann: „Nein, ich bleibe! Wir legen den Dieben gemeinsam das Handwerk."

Annabelle versucht ihren Bruder auf dem Kopf stehend zu umarmen, dann erschrecken beide, weil Uffu einschläft. Doch der Schreck hält nicht lange an, denn Uffus Haar-mobil fliegt stabil immer dieselbe Achterschleife, während Uffu selbst im Traumland Einschlaflieder singt. So lange genießen die Prinzessin und der Prinz die umgekrempelte Sicht auf das Umgekehrt-Zimmer und die Dinge.

EINSTIEGSIMPULS:
Überlegt, was alles kleben oder sich klebrig anfühlen kann?

NACHBEREITUNGSFRAGEN:
1. Zur Geschichte: Worin landen die Kinder zuerst kopfüber mit dem Flugmobil, beim Eintritt in das *Klebrige Zimmer*? *(Im Brei-berg)*
2. Im Übergang vom *Klebrigen Zimmer* ins Türen-Zimmer gehen die Kinder durch eine verklebte Tür, die sich schwer öffnen lässt. Schaffen es die Kinder hindurch? Wie?

# 27. Ein klebriger Weg

Als die schlafende Haarmobil-Pilotin Uffu im Flug durch das Umgekehrt-Zimmer aufwacht, nimmt sie Kurs auf das *Klebrige Zimmer*. Straßenschild-Sterne weisen den Weg dorthin. Mitflieger Prinzessin Annabelle und Prinz Joscha haben es langsam satt, kopfüber zu fliegen und freuen sich auf die Ankunft im nächsten Landschafts-Zimmer auf dem Planeten Uduffu. Doch ihre Vorfreude wird gedämpft, als sie kopfüber im Breiberg im *Klebrigen Zimmer* landen. Im Brei versucht Uffu mühsam, ihren Wissensspeicher in der Oberarmtasche zu packen, den Touchscreen zu berühren und dadurch das Haartauch-mobil aus dem Flugmobil entstehen zu lassen, was ihr nach Stunden auch gelingt. In der Tauchglocke gluckern die drei Freunde sich langsam aus der zähen Brei-Masse heraus und tuckern anschließend stotternd mit dem Haarfahrmobil, über das wie mit Honig beschmierte Roll-feld hinüber, zum nächsten Straßenschild-Stern.

Als das Fahrmobil es nicht mehr schafft voranzukommen, entscheidet Uffu: „Alles aussteigen, alles aussteigen, es geht zu Fuß weiter!"

„Nicht doch, nicht doch", wehrt Joscha den Marsch ver-geblich ab, denn Uffu bleibt stur.

Kaum vorwärtskommend, zieht jedes Kind mithilfe seiner Hände abwechselnd ein Bein nach dem anderen hoch und setzt es weiter vorne wieder ab. Da, wo eines von ihnen nicht mehr kann, hilft ein anderes aus. Drei Tage, sechs Stunden und fünfzehn Sekunden nach Uduffu-Pla-netenzeitrechnung brauchen sie, um am Straßenschild-Stern anzukommen, welcher von Anfang an in ihrer Sicht-weite gelegen hat.

Das Vorlesen des Straßenschild-Sterns gelingt Annabelle nur schwer, weil auch ihr Mund ein wenig verklebt ist: „Zum Tüüüren-Zimmmer."

Weitere Worte sparen sich die Kinder, um ihre Kräfte zu schonen.

In zwei weiteren Schritten, die sich wie Kaugummi ziehen, erreichen sie eine Tür, die so verklebt ist, dass sie sie nur mit gemeinsamer Anstrengung so weit aufziehen können, dass sie gerade eben alle hindurchpassen.

Joscha träumt vor sich hin: „Meine Güte, das war aber ein Stress, das *Klebrige Zimmer*! Wenn ich nur zu Hause geblieben wäre, dann könnte ich jetzt passierten Himbeersaft an Lachshäubchen auf meinem Wasserhimmelbett-Tablett futtern …"

„Du aufgetakelte Luxusdampfwalze!", schimpft Uffu mit Joscha. „Das bringt uns jetzt wirklich nicht weiter."

Annabelle ist beglückt, dass jede Bewegung im Türen-Zimmer wieder wie zuvor gewohnt gelingt: „Seht, wie ich gehen kann! Seht, wie ich sprechen kann! Seht, wie ich tanzen kann!"

Joscha gibt seinen Frust an seine Schwester weiter: „Toll, Annabellchen, ganz toll, aber was bringt uns das? Wie finden wir hier vor lauter Türen die Tür, hinter der sich der geheimnisvolle Junge aus Turkuffu verbirgt? Nur darum sind wir hier. Wenn wir den nicht auftreiben oder wenn der nicht weiter weiß, dann können wir bei der Suche nach den Dieben einpacken."

Uffu hält Wache: „Außerdem verlassen wir gerade die Naturpfad-Zimmer-Gegend und begeben uns in den Teil von Uduffu, der mitunter dichter besiedelt ist. Wir sind somit tief ins Innere von Uduffu vorgedrungen. Vorsicht ist also geboten! Hier laufen eher Uduffus herum als zuvor in der Abgeschiedenheit und die könnten uns unbeabsichtigt an die Diebe verraten. Dann war unsere ganze Reiserei umsonst. Das darf wirklich nicht passieren jetzt, hört ihr?!"

Annabelle ist die Ruhe in Person: „Wenn ihr mich fragt, wird sich in dieses Türen-Zimmer neben uns niemand außer dem Jungen aus Turkuffu hineintrauen. Es ist der reinste Türen-Irrgarten. Also, hinter welcher Tür fangen wir an zu suchen?"

Joscha wird es beim genaueren Anblick der aberwitzig vielen Türen schummrig vor Augen: „Ich will eine Verschnaufpause, ich will eine Verschnaufpause!"

Uffu grölt: „Dann habe ich etwas für dich, nämlich eine hochglänzende Idee: Wollen wir jetzt eine Runde Springseil spielen, mit meinen langen Wasserfallhaaren? Du, Annabelle, nimmst das andere Ende der Haare, wir beide drehen das Seil und Joscha springt. Dann wechselt ihr euch ab. Schließlich springe ich über meine eigenen Haare …"

„Au, fein", beginnen Joschas Augen zu leuchten und er stellt sich in Position, um zur rechten Zeit in das Haarspringseil hereinzuhüpfen.

EINSTIEGSIMPULSE:
1. Stellt euch vor, ihr könntet nie mit anderen Kindern zusammen in eine Schule gehen, sondern ihr würdet nur noch zu Hause von einem Privatlehrer unterrichtet werden. Würde euch etwas fehlen? Falls ja, was genau?
2. Ein Schulhof bietet euch viele Aktionsmöglichkeiten. Zählt einige auf.

NACHBEREITUNGSFRAGEN:
1. Zu der Geschichte: Den vielen Kindern, die aus den Türen heraustreten, scheint es gerade gut zu gehen. Woran erkennt ihr das im Text?
2. Die Pflicht ruft Annabelle, Joscha und Uffu. Sie müssen ihren Wissensspeicher retten. Sind sie vernünftig oder lassen sie sich treiben?

# 28. Ein fantastisches Türen-Kinder-Zimmer

Nach dem Springseilspiel – mit Uffus langer Wasserfallmähne als Springseil – suchen Prinzessin Annabelle, Prinz Joscha und Uffu nach dem Jungen aus Turkuffu, im Türen-Zimmer auf dem Planeten Uduffu, denn der hat ihnen versprochen, ein Geheimnis mit ihnen zu teilen.

Annabelle öffnet eine der vielen Türen.

Tatsächlich steht ein Junge dahinter und fragt sie geradewegs: „Hey, willst du mitspielen?"

„Was denn?", will sie verunsichert wissen. „Aber nein, eeeeigentlich suchen wir einen Jungen aus Turkuffu mit schwarzen knöchellangen Haaren, deine sind aber braun. Dann müssen wir wohl weitersuchen. Tut mir leid. Hat mich aber echt gefreut, ne, wirklich, hehe …"

Sie will die Tür wieder zumachen, doch der Junge stellt seinen Fuß dazwischen. Mittlerweile haben Uffu und Joscha ähnliche Erlebnisse gehabt wie Annabelle. Auch hinter den von ihnen geöffneten Türen stehen Kinder und lassen sich nicht wieder wegsperren. Sie gehen durch die Türen. Und es werden immer mehr, denn auch aus den vielen anderen Türen kommen selbstständig Kinder hervor, mit allen nur erdenklichen Haarfarben. Kurz ist Annabelle versucht, sich gehen zu lassen, als die Kinder Verfolgen und Fangen spielen, da fällt ihr plötzlich wieder ein, dass eigentlich niemand auf Uduffu wissen darf, dass Uffu, Joscha und sie selbst sich auf dem Planeten befinden. Zu groß ist die Angst bei ihnen, dass Diebe, die hier nur auf sie lauern, ihnen dann ihren Schatz, den Wissensspeicher, wegnehmen könnten.

Annabelle versucht sich durch die tobende, krakeelende, gackernde, flitzende und laut lachende Kinderschar zu Uffu hindurchzuschieben. Als sie sie schließlich erreicht, will Uffu Annabelle nur verfolgen. Annabelle läuft wie im Reflex vor ihr weg. Im Lauf ruft sie nach hinten gerichtet: „Uffu, wir müssen verschwinden, sonst weiß bald halb Uduffu, dass wir hier sind …"

Uffu will davon jetzt nichts wissen: „Kinder sind doch keine Petzen, vor denen haben wir nichts zu befürchten. Tick, du bist!"

Dieser Satz von Uffu macht Annabelle unendlich froh. Sie ist dermaßen glücklich, in dieser Horde von brodelnden, wirbelnden Kindern zu sein, dass sie darüber die Suche nach dem Jungen aus Turkuffu vergisst. Ihr fällt nur kurz auf, dass noch eine allerletzte Tür im Zimmer geschlossen ist. Die anderen wurden allesamt durch die fremden Kinder offen stehen gelassen, als sie durch die Türen getreten sind.

## 29. Jetzt wird es gefährlich

Prinzessin Annabelle, Prinz Joscha und Uffu spielen noch immer ausgelassen mit den vielen Kindern auf dem Planeten Uduffu im Türen-Zimmer. Dem Planetenmädchen Uffu steigt langsam der Übermut in den Kopf. Sie möchte die vielen Kinder der Reihe nach einladen, mit ihrem Haarmobil zu fahren oder zu fliegen.

Dazu zückt sie ihren Wissensspeicher, will auf dem Touchscreen eine Eingabe machen, damit aus ihren langen Wasserfallhaaren das zuerst gewünschte Transportmobil entsteht, und grölt dabei: „Kinder, kommt alle her, hier gibt es was zu erleben, einen Freiflug und eine Freifahrt!"

Schlagartig wird Annabelle und Joscha bewusst, dass sie und Uffu sich jetzt in höchster Gefahr befinden, weil Uffu dabei ist, ihr größtes Geheimnis vor fremden Kindern preiszugeben. Alle drei hatten sich damals geschworen, niemals ihr Geheimnis zu verraten, weil Diebe ihnen das für sie hochinteressante Gerät wegnehmen könnten. Während Annabelle und Joscha damit jäh aus ihrem Spiel gerissen werden, nähern sich Uffu nach anfänglichem Zögern immer mehr Kinder. Uffu genießt die Aufmerksamkeit der Kinder aus ihrem Heimat-Planeten sehr. Zu lange hat sie die gleichgesinnten Einwohner ihrer Heimat vermisst, weil sie sich immerzu vor ihnen verstecken und auf die Erde flüchten musste, um das wertvolle Gerät zu bewachen.

„Du kannst doch gar nicht fliegen!", wiehert ein Mädchen.

„Doch, kann ich wohl!", lächelt Uffu gönnerhaft.

„Dann zeig es, dann zeig es, du Spaßvogel!", hält ein Junge Uffu für eine Komikerin.

Uffu spornt das erst recht an zu zeigen, was sie oder besser gesagt ihr Wissensspeicher drauf hat: „Wetten ich kann mithilfe von diesem Gerät zaubern oder sowas wie zaubern? Wenn ich nämlich …" plötzlich wird Uffu unterbrochen, weil jäh eine Horde von gut zwanzig kleinen Wolken über die versammelte Kinderschar herfällt.

Die Kinder stieben schreiend auseinander, weil die Wolken sie anstoßen und beiseiteschieben, um sich freien

Zugang zu Uffu und ihrem Gerät zu verschaffen, die in der Mitte steht.

Erst jetzt erkennt Uffu, was sie angestellt hat und erinnert sich daran, dass es kürzlich einmal eine kleine Wolke auf ihren Wissensspeicher abgesehen hatte.

Uffu krallt ihren Speicher fest und brüllt aus Leibeskräften: „Annabelle, Joscha, helft mir! Die diebische kleine Wolke, die wir vor Kurzem ausgelöscht haben, hat eine Menge Verwandte. Reeeeettet mich …"

Die vielen Kinder kehren um und rangeln sich mit den kleinen Wolken, um Uffu beiseitezustehen. Eine große Keilerei entsteht.

Joscha schaut sich den Kampf von außen an und murmelt: „Das hast du jetzt davon, dass du unser Geheimnis verrätst, Uffu. Sieh selber zu, wie du dir da raushilfst."

Annabelle denkt in großer Not zurück an die damalige Situation mit der kleinen Wolke und schreit Uffu zu: „Du musst endlich in dein Gerät einprogrammieren, dass sich die Wolken dir nicht nähern dürfen! Mach schnell, bevor es zu spät ist!"

Mit zittrigen Händen wehrt Uffu einerseits Wolken über sich ab, wobei sie auch die Planeten-Kinder unterstützen, und andererseits versucht sie ihren Wissensspeicher umzuprogrammieren.

Jetzt hat Annabelle eine Idee: Aus ihrer Rocktasche nimmt sie das Knete-Messer, das sie sich vor einer Weile im Knete-Zimmer auf Uduffu geformt und mitgenommen hat, drängt sich durch die Kindermenge bis hin zu Uffu und sticht in die Wolke hinein, mit der sich Uffu gerade balgt. Diese beginnt auf der Stelle abzuregnen, hinterlässt nunmehr nasse Kinder und einen ebensolchen Platz. Weiter geht es im Gefecht. Während Annabelle mit ihrem Knete-Messer die Wolken von Uffu abhält, die unmittelbar aggressiv um sie herumschwirren, kann Uffu sich um das Gerät kümmern.

„Da, da oben hängt noch eine ganz große Wolke und schaut dem Treiben der kleinen Wolken hier unten zu", entdeckt Joscha besorgt. „Vielleicht ist das ihr Chef."

Als Annabelle mittlerweile die dreizehnte kleine Wolke zum Abregnen gebracht hat und die anderen Kinder mit Joscha die übrigen in Schach halten, ist Uffu endlich soweit: Das Gerät ist nun richtig programmiert und alle Wolken – auch die große – werden wie von magischer Hand weggeblasen, heraus aus dem Türen-Zimmer ohne Decke.

Kaum bejubeln die vielen Kinder ihren Sieg und fallen sich gegenseitig um den Hals, als eine sehr hohe Stimme von Ferne zu summen beginnt und damit die Kinder in ihre jeweiligen Türen zurückruft. Der Abschied zwischen den Türen-Kindern und Annabelle, Joscha und Uffu fällt sehr kurz aus und die drei bleiben allein zurück.

Joscha kann sich einen kleinen Kommentar Uffu gegenüber nicht verkneifen: „Da hast du aber gerade noch mal Glück gehabt!"

Doch Uffu streckt Joscha nur die Zunge heraus und wedelt mit den Händen an den Ohren: „Bö, bö, bö, bö, bö!"

Annabelle fragt sich: „Wie soll es nun mit uns und unserer Suche nach dem Jungen aus Turkuffu weitergehen?"

Dabei fällt ihr aufmerksamer Blick auf die eine Tür, durch die sie noch keines der fremden Kinder hat ein- und austreten sehen, seit sie sich in diesem Zimmer aufhalten. Auf diese Tür steuert sie jetzt zu und ist dabei, den Türgriff herunterzudrücken.

# 30. Nano hütet sein Geheimnis

Im Türen-Zimmer auf dem Planeten Uduffu drückt Prinzessin Annabelle voller Spannung die Klinke der letzten Tür, die noch nicht offen war, herunter.

Auch Prinz Joscha und Uffu wollen einen Blick durch den Türspalt erhaschen. Zunächst sehen sie in ein kleines Zimmer mit Wänden und einer Decke, was auf Uduffu eher die Ausnahme ist. Einige Schalen stehen auf dem Boden, prall gefüllt mit Softglasperlen, die sie schon aus dem Neuland-Naturpfad-Zimmer kennen. Ihr Blick fällt jetzt auf den Jungen aus Turkuffu, den sie lange gesucht haben. Er wiegt Kugeln auf einer Waage ab und füllt sie in Beutel.

„Was machst du mit den Kugeln?", fragt Joscha neugierig.

Ohne dass sich der Junge mit dem Gesicht zu den Kindern wendet, antwortet er so, als hätte er sie erwartet: „Ich wiege die Glasperlen ab, bevor ich sie auf dem Markt verkaufe. Davon muss ich leben."

Annabelle ist betroffen und möchte wissen: „Warum verdienen denn deine Eltern nicht das Geld?"

Einen Moment lang ist nur das Geräusch der Softkugeln zu vernehmen, wie sie aneinanderreiben oder auf die metallisch klingenden Schalen der Waage gelegt werden.

Nach einem kurzen Aufatmen sagt der Junge aus Turkuffu: „Ich habe keine Eltern mehr. Darüber möchte ich jetzt auch nicht weiter reden, vielleicht ein anderes Mal. Vielleicht. Verstanden?"

Wie auf Befehl antworten die drei Besucher-Kinder in einem: „Verstanden!"

Nun prescht Uffu hervor: „Sag mal, aber du hast doch ein Geheimnis für uns, oder? Das hast du uns kürzlich verraten, durch den Boden-Bildschirm im Saal vom Kinder-Schloss auf der Erde, und uns somit hergelockt. Darum sind wir hierher gereist und haben viel auf uns genommen, sogar einen Kampf gegen Wolken … Also, was ist dran? Her damit, mit dem Geheimnis!"

„Immer mit der Ruhe, Uffu! Du hast es doch mit der Gemütlichkeit, wie ich weiß."

Die drei Kinder wundern sich und Joscha bohrt nach: „Woher weißt du das? Hast du uns etwa schon lange durch die Bildschirme auf Uduffu und auf der Erde beobachtet und ausspioniert? Du weißt bestimmt, dass man das gar nicht tun darf. Du bist uns jetzt umgehend Auskunft schuldig!"

Der Junge aus Turkuffu dreht sich zu den Kindern um und lässt seine Kugeln liegen: „He, ihr sprecht hier mit einem

Freund und nicht mit einem Feind. Also müsst ihr mich gar nicht so schnoddrig angehen."

Annabelle wird ungehalten: „Wir sprechen schnoddrig? Du sprichst schnoddrig zu uns!"

Schließlich müssen alle Kinder breit grinsen und der Junge aus Turkuffu sagt: „Nicht ich habe ein Geheimnis für euch, sondern jemand anderes und zu dem wollte ich euch bringen. Kommt, hier geht es weiter durch diese verschiebbare Rückwand in meinem Zimmer.

Übrigens, ich heiße Nano. Wie ihr heißt, weiß ich bereits."

Annabelle, Joscha und Uffu sehen sich unsicher an und folgen Nano.

EINSTIEGSIMPULS:
Stellt euch eine Situation vor, in der jemand auf eine andere Person wütend ist und zugleich froh ist, sie zu sehen. Schildert die Situation.

NACHBEREITUNGSFRAGEN:
1. Uffu hat Annabelle und Joscha stets erzählt, dass ihr der Wissensspeicher gehört. Stimmt das? Wem gehört er wirklich?
2. Stimmt es, dass Diebe den Wissensspeicher stehlen wollen, wie Uffu es Annabelle und Joscha immerzu erzählt hat? Wie sehen die Diebe aus?
3. Uffu und ihr Vater Blubb sehen sich nach langer Zeit wieder. Wie verläuft ihre erste Begegnung? Was geht jeweils in ihnen vor?

# 31. Die Kinder erfahren Nanos Geheimnis

Auf dem Planeten Uduffu öffnet Nano, der Junge aus Turkuffu, in seinem Zimmer die hintere Schiebetür. Zum Vorschein kommt ein älterer Mann mit knöchellangen grauen Haaren und einem ebensolchen Bart. Gerade sucht er per Fernbedienung die Atmosphäre ab, die als Film über einen tragbaren Bildschirm läuft.

Joscha ist entsetzt: „Wer sind Sie? Haben Sie uns etwa in der letzten Zeit mit Ihren Bildschirmen auf Uduffu und auf der Erde ausspioniert? Was fällt Ihnen eigentlich …?"

Uffu will zunächst das Weite suchen und überlegt es sich dann aber anders.

Kleinlaut sagt sie: „Blubb?" und beginnt in Richtung des Mannes zu torkeln.

Der alte Mann geht auch auf Uffu zu und erhebt drohend die Hände.

Prinzessin Annabelle fürchtet sich und will sich mutig zwischen Uffu und den alten Mann werfen, als Uffu auf den Boden fällt und fleht: „Verzeih mir, lieber Blubb! Ich werde nie wieder Quatsch machen."

Der alte Mann ringt mit sich selbst und schließlich zieht er Uffu hoch und beide fallen sich weinend in die Arme: „Das kannst du gar nicht, nie wieder Quatsch machen, du nicht, Uffu. Aber du kannst weniger Blödsinn anstellen. Und jetzt gib mir bitte meinen Wissensspeicher zurück! Dieser Quatsch war sehr gefährlich."

Mit gesenktem Kopf zieht Uffu ihr Gerät mit zwei Fingern aus der Oberarmtasche und reicht es dem alten Mann wie einen stinkenden Schuh.

Ein Schrecken durchfährt Annabelle und Joscha: „Uffu, nicht, nicht dein Gerät aus der Hand geben!" – „Bloß nicht, bist du wahnsinnig?"

Doch Uffu sagt wie nebenbei: „Es ist gar nicht mein Wissensspeicher, es ist seiner …"

Annabelle bekommt das nicht mehr klargerückt in ihrem Kopf: „Wie bitte, Uffu? Kannst du das noch mal wiederholen?"

Und Joscha fühlt sich verschaukelt: „Uffu, sag uns sofort, was du die ganze Zeit über gespielt hast! Du hast uns, deine Freunde, doch nicht über Wochen und Monate angelogen? Wer ist der Mann da?"

„Na los, sag es ihnen, Uffu!", fordert auch der alte Mann Uffu auf.

Uffu tut so, als ob sie mit ihren langen Haaren Harfe spielt, und verteidigt sich: „Zunächst muss ich klarstellen, dass ich euch in unserer planetarischen Zeitrechnung über Wochen und Monate bloß einen Teil der Wahrheit gesagt habe. Vergleicht man dagegen aber eure piep-kurze Zeitrechnung auf der Erde in Bezug auf meinen Planeten, da wird man doch wohl mal für einen winzigen Augenblick, für einen Augenaufschlag lang, einen kleinen Scherz machen dürfen, oder? Ihr vornehmen Menschen nehmt einfach alles viel zu genau!

Das ist übrigens … das ist mein Vater Blubb. Also, er ist Wissenschaftler und hat den Speicher erfunden und gebaut. Ich durfte ihn damals nicht ausprobieren. Es hat mich aber ungemein in den Fingern gejuckt. Also habe ich es trotzdem gemacht. Verständlich, oder? Daraufhin ist, eh ich mich versehen habe, aus meinen Haaren das Flugmobil entstanden und ich bin prompt durch unser Fenster zur Erde geflogen. Mit einem Rutsch bin ich bei euch gelandet. Ich habe mich auch nicht mehr zurück nach Hause getraut, damit meine Eltern nicht schimpfen. So ungefähr jedenfalls ist alles gekommen, in zwei Sätzen eben."

Daraufhin lutscht Uffu mit klimpernden Augen am Daumen. Annabelle und Joscha setzten sich auf den Boden. Das müssen sie jetzt erst einmal verdauen.

Fast unter Schmerzen erkennt Annabelle: „Die Diebe, die deinen – Verzeihung Ihren – Wissensspeicher klauen wollen, das war alles nur ein Märchen? Unsere Reisen hierher zum Planeten Uduffu – um mit dir gemeinsam die Diebe zu fangen, damit sie ja nicht den Wissensspeicher klauen und damit den Weltraum beherrschen können – alles das war bloß ausgedacht?"

„Nun ja", räuspert sich Blubb, „meine Erfindung und Weiterentwicklung des Wissensspeichers ist sehr heikel. Diebe sind schon lange hinter ihm her, um ihn zu missbrauchen. Ihr habt den Wissensspeicher bereits gegen die Diebe verteidigen müssen, die in Form von Wolken erscheinen. Das ist mir beide Male nicht entgangen, nur einzugreifen steht nicht in meiner Macht, wenn ich das Gerät nicht bei mir habe. In Uffus Märchen ist dieses Detail mit den Dieben jedenfalls wahr."

„Na, da bin ich aber froh!", versucht Joscha einen Scherz zu machen, über den keiner lachen will.

## 32. Uffus Vater, der Knatterpilot

Da Uffus betagter Vater Blubb seinen Wissensspeicher wieder an sich genommen hat, ist er auch für den Weiterflug zuständig. Ächzend kriecht Blubbs Haarflugmobil dahin, mit seinen Mitfliegern Prinzessin Annabelle, Prinz Joscha, Uffu und Nano, die auf den grauen Haarflügeln Platz genommen haben. Zwar geht der Flug langsam vonstatten, jedoch nähern sie sich beständig ihrem Ziel, Uffus und Blubbs Zuhause.

„Voll krass, endlich bin auch ich Passagierin und nicht mehr nur allein die Pilotin", genießt Uffu träge den Blick über das dahinfliegende Wucher-Zimmer auf dem Planeten Uduffu, in dem es nur so vor Pflanzen strotzt, die sich dicht an dicht aneinanderschmiegen.

„Wie geht es denn jetzt weiter, Papa Blubb?", patscht Uffu ihrem Vater im Flug munter über den Kopf.

Außer Puste hört sich Blubbs Stimme etwas rostig an: „Wir fliegen zu uns nach Hause, da wirst du Mama Blabb wiedersehen und dann bekommt der Wissensspeicher ein Update. Denn nur so kannst du Prinzessin Annabelle und Prinz Joscha zurück auf die Erde bringen und anschließend wieder zurückfliegen. Ohne das Update müsstest du für immer auf der Erde bleiben, weil die Datei inzwischen veraltet ist!"

„Uff, uff!", gibt Uffu krächzend von sich.

Wehmütig fragt Annabelle vorsichtig: „Aber, Herr Blubb, wenn Uffu nach der Erdreise wieder bei Ihnen gelandet ist, kann sie uns dann noch zwischendurch auf der Erde besuchen kommen? Wissen Sie, wir haben so lange zusammengelebt und viele Abenteuer gemeinsam bestanden."

„Ihr stellt komplizierte Fragen genau dann, wenn ich schwer beschäftigt bin", knattert Blubbs Getriebe reichlich. „Nein, Kinder, das geht in dem Fall dann leider nicht mehr.

Wenn sie euch zurückgebracht hat auf die Erde und danach wieder bei mir gelandet ist, muss ich den Wissensspeicher gleich im Anschluss ausgiebig umbauen. Denn nur so ist gewährleistet, dass er nicht mehr schädlich ist, sollte er eines Tages doch noch in falsche Hände gelangen, sprich: in die Hände von Dieben. Damit ist aber leider verbunden, dass Uffu ab dann nicht mehr zur Erde reisen kann. Ihr müsst die gemeinsamen Tage also noch genießen."

Nano, der Junge aus Turkuffu, darf zum Dank mitfliegen, weil er Blubb dabei geholfen hat, seine ausgebüxte Tochter und die Königskinder zu ihm zu leiten.

Nano meint: „Das ist aber richtig schade! Ich habe mich auch schon so an Annabelle und Joscha gewöhnt."

Uffu schmiegt sich an Blubbs Hals unterhalb des Haarflügels, auf dem sie sitzt und von dem sie sich waghalsig herunterbeugt: „Oh, Papa Blubb, dann erfinde schleunigst ein neues Gerät, mit dem wir uns alle dennoch zukünftig wiedersehen können, ja?"

„Wenn das so einfach wäre, liebe Uffu. Ich bin nun mal ein aus dem Leim geratener Wissenschaftler – wenn auch gerade ein hoch über allen Pflanzen schwebender."

## 33. Bruchlandung mit dem Knattermobil

Blubb macht eine Bruchlandung mit seinem Haarknattermobil, mitten in seinem geheimen Experimentierlabor. Dabei bricht einer von Blubbs grauen Haarflügeln, was ihn ein Weilchen sehr traurig stimmt.

Währenddessen berappeln sich die unbeschädigten Mit-flieger-Kinder und sehen sich neugierig im Labor um. Prinzessin Annabelle, Prinz Joscha, Uffu und Nano staunen reichlich über die vielen, vielen winzigen und gigantischen Bildschirme im Raum, auf denen aberwitzig viele Szenen und Landschaften des Universums als Film ablaufen.

Vor einem der Bildschirme in der zweiten Reihe macht Annabelle empört Halt: „Komm her, Joscha, das ist wirklich ungeheuerlich! Auf diesem Bildschirm sind wir beide zu sehen, wie wir im königlichen Kinder-Social-Network den anderen Tipps geben, wie sie sich besser kleiden können. Herr Blubb, ich muss schon sehr bitten, dass Sie sich da einfach eingeklickt und Zugang verschafft haben …"

Das reißt Uffus Vater Blubb aus seinem Stimmungstief: „Was müsst ihr Zwerge auch so privat in der Öffentlichkeit reden, dass jeder, der ein bisschen Ahnung von Computern hat, es hacken und ansehen kann – auch wenn es nicht für ihn bestimmt ist."

Joscha ist enttäuscht von Uffus Vater, den er eigentlich für nett hält:

„Wenn Sie so was machen, Blubb, dann möchten wir Uffu wieder mit zu uns nach Hause nehmen und uns alle von Ihnen auf die Erde bringen lassen, aber schnell und diesmal ohne Bruchlandung, Sie Wackelpilot!"

Blubb tobt: „Was meinst du denn, wozu ich das alles hier mache? Bestimmt nicht, um Zwerge auszuspitzeln! Dass mir das überhaupt gelungen ist, ist eher ein überraschender Nebeneffekt von einem anderen Forschungsgebiet gewesen. Normalerweise spioniere ich nicht. Darum muss der Wissensspeicher ja auch dringend dahingehend korrigiert werden, dass er keinen Schaden mehr anrichten beziehungsweise nicht in falsche Hände geraten kann!

Längst sind die Diebe, die in Wolkenform erscheinen, hinter dem Gerät her. Es sind Suchmaschinenbetreiber-Uduffus, die ein Gigantonet damit erschaffen wollen, das alles – aber auch wirklich alles, was im Weltraum und dahinter passiert – sieht, speichert und kontrolliert. Wie ich an den Bildschirmen verfolgt habe, seid ihr selbst bereits auf die Idee mit dem Gigantonet gekommen. Schlau, schlau, ihr Zwerge!

Wie ihr auch bereits vermutet habt, streben die Diebe nach absoluter Macht und Vorherrschaft. Ich habe sie selbst bei solchen Gesprächen mit dem Wissensspeicher abgehört, noch bevor Uffu damit durchgebrannt ist. Danach habe ich nur eingeschränkt Informationen empfangen können, per Fernabfrage des Wissensspeichers. Es geht hier also nicht um Kinderspielchen, mein junger Herr Naserümpfer!

Am liebsten würde ich den Wissensspeicher gleich entsprechend korrigieren und nicht nur updaten. Aber das geht eben nicht, weil Uffu euch damit vorher noch zur Erde zurückfliegen muss. Ach, was rede ich, die Geschichte habe ich euch ja schon erklärt.

Also, beruhigt euch und trinkt erst einmal Klatschi-Tee bei Uffus Mama Blabb! Sie wird gleich hier sein, ich habe ihr schon gefunkt, dass unsere Tochter wieder da ist."

Kurz darauf kommt Blabb tränenüberströmt hereingestürzt und reißt ihr lange Zeit entbehrtes Kind an sich. Uffu ist in dem Moment zerrissen: Einerseits ist sie überglücklich ihre Mutter wiederzusehen und andererseits hegt sie den Wunsch, ihrer Mutter auch ihre neuen Freunde vorstellen zu wollen: „Mama Blabb, also das ist Prinzessin Annabelle und das ist Prinz …", doch ihre Worte gehen vor lauter Schmatzern unter.

Uffu ist das Geschmatze ihrer Mutter unendlich peinlich vor den anderen. Annabelle und Joscha bekommen darüber unerträgliches Heimweh nach ihren eigenen Eltern und Nano wird traurig, weil er keine Eltern mehr hat.

EINSTIEGSIMPULSE:
1. Was ist ein Wissenschaftler? Was macht er?
2. Gibt es Experimente, bei denen Rauch entsteht und etwas explodiert?

NACHBEREITUNGSFRAGEN:
1. Zur Geschichte: Läuft das Update des Wissensspeichers schief?
2. Schreibt eine Geschichte über ein seltsames Experiment.

# 34. Der Wissensspeicher wird mit Schall und Rauch upgedatet

Gespannt hocken sich Prinzessin Annabelle, Prinz Joscha, Uffu und Nano draußen neben das Geheim-Labor, welches Uffus Wissenschaftler-Vater Blubb gehört. Drinnen muss dringend der Wissensspeicher upgedatet werden, den er erfunden hat. Fast sind die Kinder versucht, woanders spielen zu gehen, weil sich lange nichts tut. Doch plötzlich müssen sich alle die Ohren zuhalten, da mehrere Explosionen zischend und knallend herüberschallen, und vor lauter grünen Rauchschwaden können sie kaum noch etwas sehen.

Nano stellt besorgt die Frage in den Raum: „Oh, ist da etwas schiefgegangen?"

Wenig später kommt der strahlende Blubb aus dem Labor heraus und hält Uffu den Wissensspeicher hin, den sie sogleich in ihre Oberarmtasche stopft. Nur zu gut weiß sie, was jetzt zu tun ist, nämlich Annabelle und Joscha damit zurück auf die Erde zu bringen.

EINSTIEGSIMPULSE:
1. Möchtet ihr später einmal für längere Zeit ins Ausland gehen?
2. Werden wir Menschen eines Tages auf einem anderen Planeten leben können? Was glaubt ihr? Schreibt dazu eine kleine Fantasie-Geschichte.

NACHBEREITUNGSFRAGEN:
1. Uffu war lange von ihren Eltern fort. Was hat sich zwischenzeitlich in ihrer Familie verändert? Wie kommt sie damit klar? Der Junge Nano kann gut alleine leben, sagt er. Warum tut er das dann nicht weiterhin?
2. Warum können Annabelle und Joscha nicht für immer auf Uduffu leben?

# 35. Nano bleibt

Jetzt heißt es für Uffu, vorübergehend Abschied zu nehmen von ihren Eltern Blabb und Blubb sowie von ihrem Freund Nano, um Prinzessin Annabelle und Prinz Joscha auf die Erde zurückzubringen.

Tränenreich umarmt Blabb ihre Tochter: „Bleib nicht wieder ewig weg, Kind!"

„Aber Frau Blabb", will Annabelle tröstend eingreifen, „Uffu ist doch immer nur einen Augenaufschlag lang fort von ihnen! Bei uns ist das so, wenn mein Bruder und ich hier auf ihrem Planeten Uduffu sind, dann merken das unsere Königseltern auf der Erde gar nicht. Es herrscht hier doch eine andere Zeitrechnung vor als bei uns. Sie haben ihre Tochter schwuppdiwupp wieder zurück, versprochen!"

Daraufhin mischt sich Blubb ein: „Liebes Prinzesschen, das ist wirklich lieb von dir gemeint, aber es ist bei uns genau umgekehrt! Die gegensätzliche Zeitrechnung macht, dass wir hier unsere Tochter eine gefühlte Ewigkeit lang vermissen müssen, während sie auf der Erde verweilt. In dieser Hinsicht haben es eure Eltern ungemein leichter. Wir haben uns jetzt darauf eingestellt, dass Uffu wieder auf unbestimmte Zeit fern von uns ist, wenn sie euch auf die Erde zurückbringt, aber es führt kein Weg daran vorbei, denn ihr könnt hier nicht für immer verweilen."

Annabelle fühlt sich nicht wohl: „Ach je, ach je, dann sollten wir vielleicht doch nicht weggehen, was meinst du, Jo…"

„Kommt gar nicht in Frage!", wehrt Uffu ab. „Was ist mit dir, Nano? Soll ich dich auf der Durchreise noch in deinem Türen-Zimmer absetzen?"

Nano sieht zwischen Blabb, Blubb und Uffu hin und her: „Danke, Uffu, aber ich bleibe hier … wenn du nichts dagegen hast?"

Gerade heraus sagt Uffu: „Quack, quack, das geht doch gar nicht, wie soll denn das …"

Mit fester Stimme sagt Uffus Mutter Blabb: „Uffu, es ist so, dass Nano schon lange bei uns wohnt, in einem angebauten Zimmer, und zwar ein Weilchen, nachdem du von uns weggeflogen bist … Wir haben dich zwischendurch verloren geglaubt, bis Papa Blubb dich über die Bildschirme ausfindig gemacht hat und versucht hat dranzubleiben, solange der Kontakt über die Fernbedienung zum Wissensspeicher funktionierte."

Uffus Vater Blubb ergänzt: „Ja, und weil Nano uns dabei geholfen hat, die Verbindung zu dir aufzubauen und euch herzubringen, wollen wir ihn gern wie einen Sohn, weiter bei uns wohnen lassen. Wir haben ihn zudem recht lieb gewonnen und er hat doch keine Eltern mehr. Früher musste er sogar hungern, weil der Verkauf seiner Glasperlen nicht genug eingebracht hat. Das soll nun ein für alle Mal ein Ende haben. Jetzt ist es an der Zeit, es dir zu sagen, Uffu. Kannst du damit leben?"

Uffu ist noch im Begriff, mit den Händen ihre langen Wasserfallhaare zu einer wilden Mähne zu toupieren: „Na ja, ich weiß nicht, wenn das so ist, dann …"

Nano hält die Spannung nicht länger aus und beißt sich auf die Lippen, bis sie reißen: „Ich kann auch wieder ganz für mich alleine sorgen und mich in mein Türen-Zimmer zurückziehen. Ich komme bestimmt wieder gut mit mir klar, darin bin ich Profi, ehrlich. Sogar mein Fladen-Knuff-Brot kann ich ohne Hilfe backen. Mach dir also meinetwegen gar keine – wirklich aber auch überhaupt gar keine – Sorgen! Ja, du kannst mich auf eurem Rückweg zur Erde, auf der Durchreise, in meiner alten Bleibe abliefern!"

Die Spannung steigt unerträglich bei allen Beteiligten und Uffu sieht inmitten ihrer aufgetürmten Mähne immer ungestümer aus: „Also gut, wenn das so ist und ich meine Eltern mit dir teilen muss, dann möchte ich aber bitte schön auch … deine Schwester sein!

Und jetzt müssen wir aber wirklich los, Mama Blabb, Papa Blubb und … und Bruder Nano!"

Überwältigt vor Freude läuft Nano in den Labor-Garten und sagt Prinzessin Annabelle, Prinz Joscha und Uffu gar nicht mehr Tschüs.

„Mach unterwegs keinen Blödsinn mit dem Wissensspeicher, Uffu!", flapst Blubb.

Uffu gibt sich als Heilige: „Ich mache doch keinen Blödsinn!"

Ihr Vater meint knapp: „Na, das wäre mal etwas Neues."

Nach Liebkosungen und ausgedehntem Lebewohlsagen drückt Uffu auf den Touchscreen des Wissensspeichers und ruckartig geht es ab mit dem Flug-, Fahr- und Tauchhaarmobil gen Erde.

# 36. Zurück von großen Abenteuern

Der königliche Hofhund zuckt mit den Augenwinkeln als Prinzessin Annabelle, Prinz Joscha und Uffu am Hausaufgabentisch im Kinder-Schloss mit Uffus Haarmobil landen. Die Kinder kommen gerade von ihrer heimlichen Reise vom Planeten Uduffu zurück. Der Hund fängt an zu kläffen, weil er spürt, dass etwas vorgefallen ist, ohne es wirklich in der Realität wahrnehmen zu können. Die unterschiedlichen Zeitzonen auf Uduffu und der Erde verhindern das.

„Armer Königskläffer, wir bringen dich ganz durcheinander. Bist ein guter Wachhund, ein richtig cleverer!", durchwühlt Joscha sein Fell und legt sich anschließend genussvoll mit Schuhen auf sein Himmelwasserbett im Kinderzimmer-Saal: „Ach, wie hab ich dich vermisst, mein gemütliches Bettchen, mein."

Annabelle tippt sich an die Stirn und raunt zu Uffu: „Der ist nicht zu retten!"

Herein kommt ihre Lehrerin Frau Wackelzahn: „Was sitzt und liegt ihr hier so faul herum? Seid ihr etwa schon mit den Hausaufgaben fertig?"

„Ach, schon sooo lange sind wir damit …", unterbricht sich Annabelle erschrocken, weil Frau Wackelzahn misstrauisch wird und nicht wissen darf, dass Uffu die Aufgaben vor ihrer Reise nach Uduffu für sie erledigt hat. „… Oh, nein, ich wollte sagen, ich meinte, gerade sind wir fertig geworden. Die war ganz schön schwer, die Rechenaufgabe. Puh, mir dröhnt noch immer der Kopf, so arg musste ich mich anstrengen!"

Frau Wackelzahn sammelt die Hausaufgaben vom Tisch ein: „Aber ihr habt vorhin doch gar keine Mathe-Aufgabe von mir bekommen?"

Schnell schiebt Uffu dazwischen: „Prinzesschen Annabelle meint die Mathe-Aufgabe, die ich ihnen eben bei der Hausaufgabenbetreuung extra dazugegeben habe, weil Annabelle und Joscha doch mit den anderen so schnell fertig waren …"

Gerührt von der fleißigen Kinderschar will Frau Wackelzahn aus dem Saal gehen: „Ach so, na dann bin ich zufrieden, sehr sogar! Ich werde es euren königlichen Eltern Frau und Herrn *Von und Zu* ins Ausland mailen."

Annabelle wirft schnell hinterher: „Ja, und mailen sie ihnen bitte noch, dass wir sie sehr vermissen! Sie sollen den nächsten Jet nehmen und uns gleich in unserem Kinder-Schloss besuchen kommen."

Gähnend fügt Joscha hinzu: „Und ich würde gerne die Speisekarte von Herrn Schnick gereicht bekommen, wenn Sie das bitte auch noch ausrichten könnten!"

„Aber gern, es ist zwar nicht meine Aufgabe, aber für euch mache ich das, natürlich."

Nachdem Frau Wackelzahn den Saal verlassen hat, kitzeln Annabelle und Uffu Joscha aus seiner bequemen Lage heraus, hinein in die ordentlich angelegte Parkanlage, zusammen mit dem Hofhund, der fröhliche Luftsprünge dabei macht.

EINSTIEGSIMPULSE:
1. Sind Aktionen erlaubt wie fremde E-Mails zu lesen, Gespräche abzuhören, jemanden heimlich zu filmen oder gar diese Informationen per Internet zu verbreiten?
2. Was kann das mit dem Betroffenen machen? Was meint ihr? (Mobbing, Ausspionieren, Kriminelles …)

NACHBEREITUNGSFRAGEN:
Uffu spielt an dem Wissensspeicher herum. Was passiert? Annabelle und Joscha sorgen sich? Warum?

# 37. Uffu ist leichtsinnig

„Alarm, Alarm", flüstert Prinzessin Annabelle Prinz Joscha zu, während sie ihn mitten in der Nacht im Kinderzimmer-Saal wachrüttelt, sodass sein Wasserbett stürmisch gluckert.

Joscha öffnet erst ein Auge, dann das zweite und mit dem, was er sieht, kann er sogar abrupt seine Trägheit im Körper und im Kopf überwinden und weiß, was die Stunde geschlagen hat. Er flüstert zurück: „Uffu probiert doch den Wissensspeicher aus, den ihr Wissenschaftler-Papa Blubb ihr diesmal anvertraut hat. Dabei hat er ihr eindeutig gesagt, dass sie keinen Blödsinn damit machen soll. Grrr, das macht mich richtig wütend! Eigentlich soll sie auf uns aufpassen und nicht wir auf sie!"

„Endlich hast du mal keine lange Leitung, Joscha!", freut sich Annabelle. Beide schauen auf den Ganzraumbildschirm, der sich – für sie allzu offensichtlich nach Uffus Spielerei mit dem Wissensspeicher – auf dem Boden, an allen Wänden und an der Decke ihres Saals aufgetan hat. Rund um sie herum flimmern Livemitschnitte und Filme mit Uffus Planeten-Heimat Uduffu und sogar mit Blubbs geheimstem Labor, in dem sie ihn an winzigen Schräubchen drehen sehen. Dazu können sie Blubbs letzte ferngesteuerte Mail an seine Tochter Uffu auf einer Bildfläche lesen.

Joscha kann sich nur schwer beherrschen: „Uffu schafft es, sogar ihre eigenen Eltern in Gefahr zu bringen! Wenn nur nicht die Diebe diese persönlichen und allergeheimsten Aufnahmen ausspionieren können und ihr so doch eines Tages den Wissensspeicher wegnehmen … Oh, große Not!"

Auf der Stelle schleichen Annabelle und Joscha im Dunkeln zu Uffus Zimmer. Erstaunt sind sie, dass um diese nächtliche Stunde wieder einmal Licht bei ihrem Haushälter Herrn Schnick durch dessen Tür schimmert, und als sie fast daran vorbeigehuscht sind, geht das Licht aus. Endlich erreichen sie Uffus Zimmer und reißen ihr zur

Strafe den Wissensspeicher aus der Hand, mit dem sie herumdaddelt.

Joscha stellt sich gegen Uffus flüsternde Klage taub: „Diesmal sind wir die besseren Aufpasser, Uffu! Schlaf schön, morgen kannst du ihn wieder haben."

Zurück im Kinderzimmersaal, ist der Rundum-Bildschirm wie ausgelöscht. Während der restlichen Nacht bekommen beide Kinder kein Auge zu und bewachen sich gegenseitig beim Aufpassen auf den Wissensspeicher.

Annabelle wispert: „Nur weil Uffu uns mit Hilfe des Wissensspeichers vom Planeten Uduffu zurück zur Erde bringen sollte, darf jetzt im letzten Moment niemand Böses das Gerät in die Hände bekommen, bevor es Blubb wieder ausgehändigt wird. Niemals!"

„Niemals!", faucht Joscha gefährlich.

## 38. Joscha stößt auf Unmögliches und einen Dieb

„Auuuu", wimmert Prinzessin Annabelle, als sie im Halbdunkel mit bloßem Fuß gegen eine Kommode stößt, „dummes Ding!"

Joscha kommt in seinem Bett, nach zu kurzer Nacht, nicht ganz zu sich und schaut auf die Uhr seines Handys, das er zu seiner eigenen Überraschung in der Hand hält. Sein Arm schmerzt, so stark hat er es während der Nachtruhe festgehalten.

Er sagt schlaftrunken: „Annabellchen, wir haben doch noch eine halbe Stunde Zeit, bevor wir aufstehen müssen. Was läufst du nur schon herum? Immer musst du mich ärgern."

„Du musst wohl nie aufs Klo, oder?", patzt Annabelle zurück. „Der Strom ist ausgefallen. Ich habe Herrn Schnick schon Bescheid gesagt. Der stand um diese Zeit bereits gestiefelt und gespornt zu Diensten, seltsamer Vogel. Na, dann will ich mal noch ein Nickerchen machen. Gute Nacht!"

Joscha bekommt Sehnsucht nach seinen Eltern und fragt sich, ob sie denn bald wieder von ihrer Reise zurück sind. Annabelle hat kürzlich schon Frau Wackelzahn gebeten, sie per Mail zurückzurufen. Er tippt den Königseltern eine SMS in sein Handy.

Als er ihnen von Annabelles morgendlicher Ungeschicklichkeit schreibt, erscheinen unten im beleuchteten Display folgende Worte: „Doofer Joscha, immer musst du mich ärgern!"

Joscha stutzt, er grübelt: „Hey, was soll das? Wer in aller Welt hat eben diese Worte eingegeben und dazu solche frechen? Hm, ein Zufall bloß."

Er schreibt weiter am SMS-Text und berichtet gerade vom Hofhund, dass er ein wunderbarer Spielgefährte ist, als unten im Display die Worte auftauchen: „Wann stehen Annabelle und Joscha endlich auf? Hört es denn keiner? Mein Magen knurrrrt. Ich will endlich mein Fressen haben!"

Joscha erschrickt, als ihm eine Idee kommt, bei  der er zugleich meint, dass er Fieber haben müsse:

„Es ist, als ob ich Gedanken lese …"

Schnell verwirft er seine angebliche Verwirrung und er berichtet seinen Eltern weiter: „Herr Schnick will sich gerade um den ausgefallenen Strom kümmern, denn sonst muss der Unterricht für heute wohl ausfallen. Das wäre einfach nur schaaaaade."

„Verdammt!", grummelt Joscha zutiefst verängstigt, als er folgende Worte auf seinem Handy liest: „Mein ganzer Überfall mit vorgetäuschtem Stromausfall, umsonst! Dieses Planeten-Wesen Uffu hat diesmal das Gerät doch irgendwo versteckt, wenn ich nur wüsste, wo … Sonst trägt sie es immer bei sich, ich könnte das beschwören, sonst wäre ich jetzt längst über alle Berge. Aber morgen Nacht, da finde ich es, lange legt sie ihre kleine Wundermaschine mit Spionagefunktion bestimmt nicht aus der Hand, he, he."

Kalkweiß steht Joscha auf, schlüpft in seine Hausschuhe, tastet sich im trüben Licht zu Annabelles Bett herüber, überredet sie wach zu bleiben und erzählt ihr flüsternd, mit Grauen, was ihm eben wiederfahren ist: „Ich hatte gedacht, ich hätte mein Handy in der Hand, und wollte Mama und Papa eine SMS schreiben. In Wirklichkeit hatte ich aber nach unserer heutigen Nachtaktion Uffus Wissensspeicher in der Hand, den wir bewachen wollten, und habe darauf rumgetippt. Es ist eigentlich nicht möglich, aber spätestens nach dem Update von Uffus Wissenschaftler-Vater Blubb kann der Wissensspeicher noch mehr, als Menschen normal auszuspionieren und abzuhören, nämlich Gedanken lesen. Stell dir vor: Gedanken lesen! Es ist unglaublich, aber wahr: Immer wenn ich einen Namen in der SMS genannt habe, tauchten die Gedanken von demselben Menschen unten im Display auf."

Annabelle belustigt das: „Frag mal das Teil, was ich gerade denke!"

Joscha tut, wie ihm aufgetragen, und sagt unsicher: „Schönes Spiel?"

Mit einem Schlag sitzt Annabelle aufrecht im Bett: „Zum Donnerwetter! Stimmt, das habe ich gerade gedacht!"

Es bleiben den Kindern noch ungefähr zehn Minuten, bis Herr Schnick hereinkommt, um sie wie üblich zu wecken. Kurz, genau und wachsam müssen sie sich über das Geschehene austauschen und überlegen, was jetzt zu tun ist. Zwischenzeitlich wird auch das Licht im Kinder-Schloss wieder angeschaltet. Nun lässt Joscha den Wissensspeicher in seinen Hausschuh gleiten, als sie Schritte im Flur hören, die sich nähern.

EINSTIEGSIMPULS:
Stellt euch vor: Ihr entdeckt, dass ein Räuber irgendwo einbrechen oder eine andere Straftat begehen will. Wie verhaltet ihr euch?

NACHBEREITUNGSFRAGEN:
1. Was befürchten die Kinder in der kommenden Nacht?
2. Wie wollen die Kinder Herrn Schnick überlisten?

## 39. Geheime Sitzung

Prinzessin Annabelle, Prinz Joscha und das Planetenmädchen Uffu halten geheimen Rat im Schlosspark, hinter einer Buchsbaumhecke, die zu lauter aufgereihten Kugeln zurechtgestutzt ist.

Annabelle reicht dem Hofhund ein Stück Edelsalami hin: „Hier, nimm, für dich, pass schön auf, ob niemand kommt!"

Doch der Hofhund lehnt die Salami schweren Herzens ab, aus Stolz, denn den Wachhund zu geben, macht er umsonst, das ist für ihn reine Ehrensache. Damit tapst er auf leisen Pfoten um die Büsche herum und stellt seine Zottelohren auf Hab-Acht-Stellung. Stattdessen mopst sich Uffu unbemerkt das Stück Edel-Wurst, das Annabelle für den Hofhund auf ein Buchenblatt gelegt hat, falls er es sich doch noch anders überlegen will. Nun ersinnen die Kinder einen Plan nach dem anderen, wie sie in der kommenden Nacht Herrn Schnick das Handwerk legen können, und verwerfen diese gleich wieder.

Joscha meint: „Wir heften ihm die Polizei auf die Fersen, dann kann er den Wissensspeicher gar nicht erst klauen, wie er es heute Nacht vorhat!"

Annabelle hält dagegen: „Denk mal nicht, dass die Polizei Herrn Schnick festhält, nur weil wir behaupten, der Wissensspeicher von Uffus Planeten-Papa hat Herrn Schnicks Gedanken erraten und zeigt an, dass Herr Schnick das Gerät in dieser Nacht stehlen will. Da glauben die nur, bei uns knallts oben im Karton."

Mit offenem Mund kaut Uffu lila Kaugummi und zieht es mit den Fingern lang: „Dann ertappen wir ihn eben nachts bei der Tat! Gleichzeitig filmen wir das mit dem Wissensspeicher und nehmen dabei auch Schnicks Gedanken mit dem Gerät auf. Lasst uns ausprobieren, wie das mit dem Speicher funktioniert. So haben wir genug Beweismaterial für die Popolizei und eure Königseltern."

Joscha bläst durch seine Schneidezahnlücke: „Mensch, Uffu, das heißt Po-lizei und nicht Popo-lizei! Aber manchmal bist du sogar zu gebrauchen, so könnte es gehen. Doch was ist, wenn Herr Schnick schneller ist als wir und es ihm gelingt, den Wissensspeicher zu stehlen, noch bevor wir ihn dabei erwischen, und er damit abhaut?"

Uffu wickelt das Kaugummi um einen Finger und tut mit der anderen Hand so, als ob sie mit ihren langen Wasserfallhaaren am Band einer wuchtigen Glocke läutet: „Biiiing, boooong, ich stecke anstelle des Wissensspeichers einfach dein Handy in meine Oberarmtasche. Das versucht Herr Schnick dann zu klauen, während ich so tue, als schliefe ich. Joscha, du hast den Wissensspeicher doch auch heute früh mit dem Handy verwechselt."

Joscha ärgert sich, dass die Idee nicht von ihm war, während Annabelle unterdrückt trällert: „Das isses!"

Weil nun der Hofhund kräftig zu bellen beginnt, bringt es Annabelle schnell auf den Punkt: „Jetzt müssen wir nur noch jemanden suchen, der uns hilft, wenn der Typ im Ernstfall um sich schlägt …"

Eine Minute später taucht Herr Schnick auf, schielt über die Buchsbaumhecke und gibt sich unangenehm freundlich: „Na, spielt ihr schön, ihr Lieben? Ich wollte euch gerade zum Essen holen!"

„Was gibt es denn Feines?", fragt Annabelle, als würde sie das gerade brennend interessieren.

EINSTIEGSIMPULSE:

1. Viele Dinge und Erkenntnisse, von denen die Menschen früher annahmen, dass es sie nie geben werde, sind für uns heute Realität. Beispiele? Glaubt ihr, dass man eines Tages Gedanken lesen kann?

2. Eure Meinung: Findet ihr, dass die Menschen zu viel Müll produzieren und zu viele Lebensmittel wegwerfen? Warum?

NACHBEREITUNGSFRAGEN:

1. Die Kinder zeigen Herrn Schnick, was sie von seinem angeblich versuchten Diebstahl halten. Nämlich was? Findet ihr, sie haben Recht?

2. Obwohl sich die Kinder mögen, streiten sie sich. Worüber? Was haltet ihr davon? Wie geht die Geschichte aus?

# 40. Die Kinder machen kurzen Prozess mit Herrn Schnick

Als der Haushälter, Herr Schnick, mitten in der Nacht beim Planetenmädchen Uffu ins Zimmer eindringt, um ihr den Wissensspeicher aus der Oberarmtasche zu stehlen, wollen ihn Prinzessin Annabelle, Prinz Joscha und Uffu dabei auf frischer Tat ertappen. Denn seit sie wissen, dass der Wissensspeicher Gedanken lesen kann, können sie Herrn Schnicks Pläne voraussehen. Daher befindet sich Uffu beim Überfall gar nicht in ihrem Bett, was Herr Schnick beim Eintreten in ihr dunkles Zimmer nicht gleich erkennt. Stattdessen stecken die drei Kinder in uralten Ritterrüstungen aus dem Haupt-Schloss und rauschen damit auf Uffus Haarflugmobil von außen durch ihre Zimmertür. Herr Schnick, der die verkleideten Kinder nicht wiedererkennt und Uffus Flugmobil noch nie gesehen hat, fährt beim Anblick des gruselig bemannten Gefährtes fürchterlich zusammen. Zielgenau befestigt Joscha im Vorbeiflug ein präpariertes Tau an Herrn Schnicks Gürtel. Jetzt entschwindet Uffus Ritterflugmobil durch das Dach des Kinder-Schlosses, beschwert mit einem sich vor Angst in die Hose machenden Herrn Schnick – der am Tau hängend – mit durch die Lüfte fliegt.

Als Uffu Herrn Schnick schließlich auf einer weit, weit vom Schloss entfernten, abgelegenen Müllhalde aussetzt, zieht sie zum Abschied ihre Ritterkappe ab, verschmiert ihren aufgemalten Bart und gibt sich in der Luft schwebend zu erkennen. Herr Schnick, dem nun schlagartig klar wird, mit welcher Gespensterschar er es in Wirklichkeit zu tun hat, fängt reflexartig fluchend ein Blatt Papier auf, das die Kinder auf ihn hinabsegeln lassen.

Annabelle sitzt auf einem von Uffus Haarflügeln, lüpft ihren Ritter-Helm und schreit ihm aus sicherer Entfernung zu: „Es ist ein von uns selbst geschriebenes Rezept für einen mit Schokolade überzogenen Marzipan-Wissensspeicher – den wollten Sie doch klauen, oder?!"

„Guten Appetit!", ruft Joscha blechern lachend durch sein Helm-Visier hindurch. „Ich hoffe nur, dass Sie die Zutaten dafür hier auf der Müllhalde auch zusammenbekommen? Außerdem können Sie bei dieser Aufgabe schon mal damit anfangen, die Menschheit zu retten. Denn wir schmeißen viel zu viel weg, eben auch Lebensmittel – und das geht überhaupt gar nicht, predigt unsere

Lehrerin Frau Wackelzahn hin und wieder. Also, lassen Sie nichts verkommen ..."

Herr Schnick schäumt über, sucht nach Worten, um mit Joscha abzurechnen, und brüllt faustballend zurück: „Das sagt der Richtige, du kleiner mieser Luxus-Sahne-cremeschnittchen-Misthaufen ..."

Während Annabelle in die Luft guckt, kann Uffu – über diese Worte von Herrn Schnick – ein Kichern nicht unter-drücken, worüber sich Joscha mächtig aufregt: „Har, har, har, sehr komisch, Uffu! Sehr originell! Schwesterchen, wir sollten uns endlich von dieser ungehobelten, taktlo-sen Knalltüte ..."

Doch plötzlich muss sich Joscha auf seinem Haarflügel gut festhalten, weil Uffu mit ihrem Flugmobil in ein Luft-loch fällt, im nächsten Moment jedoch gleich wieder si-cher aufsteigen kann und dem Kinder-Schloss entgegen-fliegt. Zwischendurch macht sie sich noch einen Spaß daraus Annabelles, Joschas und Uffus miteinander ver-bundene Namenszüge mit dem Flugmobil in die Luft zu schreiben.

EINSTIEGSIMPULSE:
Tun und lassen zu dürfen, was man will – wäre das nicht wunderbar? Was wären eure Pläne?

NACHBEREITUNGSFRAGEN:
1. Zur Geschichte: Wie könnten die Kinder und das Haushaltszimmer im Laufe des Frühstücks aussehen?
2. Erzählt oder schreibt die Geschichte weiter.

## 41. Belohnung muss sein

Nachdem die Kinder ihren Haushälter Herrn Schnick, den sie für einen gemeinen Dieb halten, mit Uffus Haarmobil nachts auf einer Müllhalde ausgesetzt haben und sie sicher wieder im Kinder-Schloss gelandet sind, finden sie natürlich nicht – wie üblich – ein appetitliches Frühstück für sich vor. Nach so viel Aufregung haben Prinzessin Annabelle, Prinz Joscha und das Planetenmädchen Uffu jedoch einen prächtigen Hunger und ihrer Meinung nach eine Belohnung verdient. Ihre Königseltern sind aber noch immer in weiter Ferne unterwegs und ihre Lehrerin Frau Wackelzahn, die bald zum Unterrichten kommt, wird nicht für das Kochen bezahlt.

„Wir backen selber Frühstück!", sagt Joscha unbeholfen.
„Au fein, lasst uns Herrn Schnicks Haushaltszimmer stürmen!", will Uffu gleich aktiv werden.

„Halt, wartet!", zögert Annabelle, kann jedoch Uffu und ihren Bruder nicht aufhalten. Schließlich sprintet sie den beiden hinterher.

„Endlich darf auch ich mal mit euch zusammen im Kinder-Schloss essen!", krakeelt Uffu und fischt bereits aus den hintersten Kühlschrank-Ecken Leckereien hervor, die sie sofort in ihre ebenso hinterste Gaumenecke befördert. Anschließend wischt sie sich mit ihren fußlangen hellblauen Wasserfallhaaren den Mund ab, während Annabelle noch immer zögerlich im Türrahmen steht, allerdings nicht mehr lange.

Das Frühstück fällt dann vielseitig aus, es gibt neben Schoko-Bonbons auch Schokoladenmousse, Kakao und Schokoeis. All das wird oben auf den Kühlschränken oder unter dem Tisch sitzend verschlungen, mit oder ohne Geschirr.

„So gefällt mir das Leben!", strahlt Uffu von der Erde bis nach Uduffu und schlürft selig einen großen Schluck aus ihrem Zweihände-Kakaobecher, den ihr Joscha zuvor randvoll gefüllt hat.

EINSTIEGSIMPULS:
Wie stellt ihr euch eine Königin bzw. einen König vor?

NACHBEREITUNGSFRAGEN:
1. Zur Geschichte: Beschreibt die Königseltern und ihre Sprache.
2. Die Königseltern und die Lehrerin sind äußerst besorgt.
   Warum?

## 42. Die Königseltern sind zurück und das Schloss ist ein Tollhaus

„Um Himmels willen, was ist hier los? Es ist, als wenn ich in einem Tollhaus bin …", ist die Königsmutter um Haltung bemüht.

Der Königsvater beruhigt sie: „Nicht aufregen, Teuerste, nicht schwach werden! Ich werde mich um alles kümmern.

Danke, Frau Lehrerin Wackelzahn, dass Sie uns gleich Bescheid gegeben haben, dass unser Haushälter Herr Schnick heute Nacht spurlos aus dem Kinder-Schloss verschwunden ist und sie Prinzessin Annabelle, Prinz Joscha und die Hausaufgabenbetreuerin Uffu morgens in einem – wie soll ich sagen – in einem geradezu verwahrlosten Zustand vorgefunden haben.

Dass meine Gattin und ich heute Vormittag von unserer Reise zurückgekommen sind, haben die königlichen Kinder gar nicht erfahren. Eigentlich wollten wir sie, nach Ihrem Unterricht heute Nachmittag, bei einer Teezeremonie mit unserer Rückkehr überraschen. Werte Frau Wackelzahn, Sie schrieben uns bereits, die jungen Leute würden sich angeblich nach uns … nun ja … nach uns sehnen. Aber jetzt hat sich ein Schicksal zwischen diesen geplanten Ablauf geschoben. Ich wollte diese Schande nicht glauben, bevor ich es nicht mit eigenen Augen gesehen habe."

„Oh, welch ein Ausnahmezustand!", krümmt sich die Königin.

„Es tut mir so leid, Euer Gnaden!", schluchzt die Lehrerin.

„Ich verstehe das nicht! Die königlichen Kinder reden solche wirren Sachen … Sie sprechen von irgendeinem außerirdischen Wissensspeicher, der Gedanken lesen kann und den der Haushälter Herr Schnick stehlen wollte. Auch von Uffus angeblichem Vater Blubb auf dessen Heimat-Planeten Uduffu … Die Kinder machen mir den Eindruck, als würden sie sich einbilden, genau auf jenem Planeten gewesen zu sein und dort so manches Abenteuer erlebt zu haben."

Die Königsmutter hält ihren Kopf in den Händen und der Königsvater stützt sie: „Sagen sie mir, wo befinden sich meine Kinder?"

„Unter der … unter der Dusche. Sie waren über und über mit Schokolade beschmiert, als ich sie heute Morgen ohne Herrn Schnick beim selbstständigen Frühstücken im Haushaltsraum vorfand …"

„Dass es einmal dahin kommen sollte!", wirft der König ernst ein. „Es reicht, dass wir aus diesen tragischen Umständen heraus selber das Kinder-Schloss betreten mussten, wobei doch eigentlich die Prinzessin und der

Prinz zu uns in das Haupt-Schloss kommen müssten. Es ist eine geradezu verkehrte Welt, wenn ich es einmal so ausdrücken darf. Ich werde alles veranlassen, unsere Kinder und dieses Planetenmädchen Uffu zu uns bringen zu lassen und sie zu befragen. Danke für das Gespräch, Frau Wackelzahn!"

Mit einem Knicks geht diese ab und die Königseltern bewegen sich stillschweigend in Richtung Haupt-Schloss im Park.

## 43. Das Ringen der Königseltern um Ordnung im Schloss

Im Saal vom Haupt-Schloss sitzen Prinzessin Annabelle, Prinz Joscha und das Planetenmädchen Uffu gegenüber von Königinmutter und Königvater an der langen Tafel.

Annabelle rutscht auf ihrem Lehnstuhl herum: „Mutti Königin, Vati König, ich habe euch so vermisst. Ihr wart ewig auf Reisen. Und jetzt stört mich dieser lange Tisch zwischen uns." Darum möchte sie unter ihm hindurchtauchen, doch ihr Vater stoppt sie: „Prinzessin Annabelle, Gefühlsduselei gehört jetzt nicht auf die Tagesordnung! Es gibt wichtige Dinge zu besprechen: Was hat es mit dem sogenannten Wissensspeicher und dem Verschwinden von eurem Haushälter Herrn Schnick auf sich? Eure

Lehrerin Frau Wackelzahn hat uns einen monströsen Schrecken eingejagt durch Berichte über diese äußerst mysteriösen Zusammenhänge und euren verwirrten Zustand."

„Ich habe euch auch vermisst", wirft Joscha seinen Königseltern vor. „Ansonsten ist bei uns alles in bester Ordnung! Herrn Schnick haben wir mit Uffus Haarmobil auf einer entfernten Müllhalde ausgesetzt, weil er den Wissensspeicher klauen und damit einen dicken Reibach machen wollte – das hat uns das Gerät vorher verraten, weil es Gedanken lesen kann …"

„… Ja, das wollte der Gauner!", mischt sich Uffu schenkelklopfend ein.

Mutter Königin lässt einen unterdrückten Schrei los.

Vater König ergreift ihre Hand und versteht keinen Spaß: „Haltet mich nicht zum Narren! Was wird hier gespielt? Es ist Eile geboten, wieder Ordnung herzustellen in euren Köpfen und in unserem Schloss. Heraus mit der Sprache, sonst …"

Joscha springt von seinem Stuhl auf: „Ich kann es euch beweisen, dass der Wissensspeicher Gedanken lesen kann!"

„Kann er!", plappert Uffu nach.

Der König herrscht Uffu an: „Du bist still, das ist eine rein königliche Angelegenheit!"

„Gib mal den Wissensspeicher her, Uffu, sie glauben es sonst nicht!", fleht Joscha.

Uffu dreht sich ohne Eile, einen hohen hellblauen Haarturm auf ihrem porzellangleichen Kopf: „Aber nur, wenn ich ihn dann gleich zurückbekomme, nicht dass deine Eltern ihn klau … klauri, klaura, klaurumtata."

Die Mutter Königin beugt sich hysterisch zu dem Vater König: „Sie sind alle außer Rand und Band, wir müssen etwas tun! Tu etwas!"

Energisch schiebt der König beim Aufstehen seinen schweren Lehnstuhl zurück, sodass dieser lärmend umfällt: „Prinzessin und Prinz, ihr kommt jetzt mit und Uffu bleibt hier, solange wir diese verlogene Höllenmaschine unter die Lupe nehmen!"

Damit wankt die königliche Familie ins Nebengemach, während Uffu sich pfeifend an der Saftbar einen hellblauen planetischen Mix zusammenbraut.

# 44. Annabelle und Joscha wohnen nur noch im Haupt-Schloss

Die Königseltern müssen nach der ausgiebigen Überprüfung des Wissensspeichers vor ihren Kindern zugeben: „Wir glaubten es zwar nicht, aber das Gerät kann in der Tat Gedanken lesen, in der Tat!"
Diese Sensation bringt die Eltern nun für einen Moment lang aus ihrer königlichen Fassung, nachdem bei ihnen – zwar mit Verspätung – durchgesickert ist, was sie eben für eine Ungeheuerlichkeit erfahren haben. Sie brüllen ungehemmt um sich, sodass der Hofhund, der mit im Zimmer ist, sich lieber die Ohren zuklappt: „Oh, du aufgeplusterter Truthahn!" – „Oh, du Wonne-Wissensspei-

cher!" – „Oh, du, du große Überraschung, du!" – „Oh, du Wissensspeicher aller Wissensspeicher!" – „Oh, du Gedankenleserchen!" – „Oh, du, oh, du, oh, du, du … huch! …"

Minuten später werden sich die Königseltern ihres unstandesgemäßen Ausbruches bewusst und kehren beschämt zurück in ihre königliche Rolle: „Hem, hem … Wie konnten wir euch, unseren Kindern, nur unterstellen, dass ihr uns Lügen auftischt? Hem, hem, aber in Wirklichkeit, tief in unserem Inneren, haben wir nicht daran gezweifelt, dass der Wissensspeicher Gedanken lesen kann …"

Prinz Joscha fühlt sich um einige Granit-Steine leichter im Bauch: „Natürlich nicht, Königsmama und Königspapa, natürlich nicht! Dafür kennen wir jetzt aber eure Gedanken und wissen, dass ihr uns doch lieb habt!"

Auch Prinzessin Annabelle kann sich nicht bremsen und fällt ihren Königseltern um den Hals: „Ich bin so froh und ich hab euch voll lieb!"

Etwas verlegen berührt der Königsvater seine Tochter am Arm und streicht ihr einen Fussel von ihrem dunklen Kleid: „Aber das wisst ihr doch, natürlich empfinden wir für euch … wie soll ich gleich sagen, hilf, Königsmutter …"

Die Königsmutter springt ein: „… Natürlich empfinden wir für euch … wie soll auch ich gleich sagen, ähm, Zuneigung … und mehr. Jetzt werdet ihr das nicht mehr vergessen. Und daher mache ich den Vorschlag: Wir lösen gleich heute noch eure zweite Bleibe – das Kinder-Schloss – auf und ihr wohnt nur noch bei uns im Haupt-Schloss. Wie es vorher einmal war. Wir werden alles dafür in die Wege leiten. Hoffentlich seid ihr darüber nicht allzu unglücklich."

„Unglücklich?", fragt Joscha.

„Unglücklich?", lacht Annabelle schallend laut auf. „Froh, froh und nochmals froh bin ich darüber!"

„Endlich!", strahlt Joscha. „Unter einer Bedingung machen wir das."

„Und die wäre?", kratzt sich die Königsmutter nervös am Kopf.

„Ihr geht nicht mehr so oft auf Reisen und abends spielen wir auch mal *Grusel-Schloss* zusammen. Und, die schwefelgelben Skelett-Figuren nehme ich!", bestimmt Joscha.

„Wer ist hier der König?", droht der Vater mit schwindenden Kräften. „Also, hem, das ließe sich schon dann und wann, hem, einrichten."

Daraufhin stürzen Annabelle und Joscha ins Nebenzimmer, um ihrer Freundin Uffu von ihrem Glück zu berichten.

# 45. Uffus Welt ist krumm

„Uffu?" – „Uffu, Uuuuffu!", rufen Prinzessin Annabelle und Prinz Joscha aus Leibeskräften nach ihrer Freundin, zunächst in ihrem ehemaligen Kinder-Schloss und an-schließend im Park.

Annabelle zittert: „Hoffentlich ist sie nicht schon auf ihren Heimat-Planeten Uduffu zurückgereist, ohne uns Tschüs zu sagen?"

Joscha stupst den Hofhund an: „Such, such Uffu!"

Schon schießt der Hofhund los, stolpert vor Eifer über seine eigenen Beine, schnüffelt überall nach ihr und im-mer, wenn er eine frische Spur von ihrer Freundin aufgenommen hat, bleibt er stehen und kläfft, um die Kinder weiter in seine Richtung zu locken.

Mit Hilfe des Hofhunds finden die Kinder schließlich ihre geliebte Uffu in einem Zelt, in das sie vorsichtig hineinlugen. Uffu singt im Schlaf. Enttäuscht flüstert Annabelle Joscha zu: „Die schläft mitten am Tag und verpasst dabei unsere letzten gemeinsamen Stunden."

Und Joscha stellt leise fest: „Überhaupt, was ist das nur für ein unfachmännisch aufgebautes Zelt? Es steht völlig schief und … Moment, steht es nicht auch auf der Seite? … Oh, meine Güte!"

„Ha!", erschreckt Uffu Annabelle und Joscha und hechtet aus ihrem Schlafsack heraus. „Komm, als ob du jemals ein Zelt aufgebaut hast, du feiner Pinkel! Habt ihr kleinen Wichtel das eigentlich immer noch nicht kapiert? Die Welt ist krumm. Ist das nicht ein Glück?"

„Hast du mich aber verjagt …", schimpft Annabelle mit Uffu. „Wo kommt dieses Zelt oder dieser zeltähnliche Lappen eigentlich her?"

„Ist es nicht wundervoll?", schwärmt Uffu. „Ich habe es mir von meinem Hausaufgaben-Betreuungsgehalt zusammengespart. Nur haben mir eure Königseltern noch nicht einmal in meiner letzten Nacht hier auf der Erde bei euch erlaubt, nachts draußen zu schlafen, tätärätä. Darum mache ich das eben am Tag. Und hier, unter der Trauerweide, da ist es auch am Tag herrlich dunkel. Da seid ihr platt, was?"

„Stark!", schwärmt Joscha. „Übrigens sehen die runterhängenden Äste der Trauerweide ein bisschen so aus wie deine knöchellangen Wasserfallhaare …"

„Quatschmatsch", wischt Uffu diese Bemerkung beiseite, schlüpft wieder ins Zelt und schlägt Purzelbäume darin, sodass es kurz darauf über ihr zusammenbricht.

Annabelle und Joscha müssen schallend darüber lachen und der Hofhund tanzt bellend vor Wonne. Schon krabbeln Annabelle, Joscha und der Hund auch in das flach gewordene, zerknitterte Zelt und bewegen sich darin wie Gespenster in einem Kriechtunnel.

## 46. Machs gut, Uffu!

„So, das hätten wir!", das Planetenmädchen Uffu lässt den Schraubenzieher fallen, mit dem es an dem Wissensspeicher herumgewerkelt hat.

Prinzessin Annabelle wendet sich hilflos an ihren Bruder: „Joscha, nun haben wir den Schlamassel! Uffu macht grundsätzlich alles kaputt. Die dreht an dem Speicher herum, statt ihn einfach – wie versprochen – bei ihrem Wissenschaftler-Vater Blubb auf ihrem Heimat-Planeten Uduffu abzuliefern. Wer weiß, was sie damit für einen Kurzschluss ausgelöst hat? Vielleicht kann sie jetzt nicht mehr von der Erde zu ihrem Papa zurückfliegen, damit er das Gerät sichern kann. Dann kann der Wissensspeicher womöglich doch noch eines Tages in die Klauen der Diebe fallen, die mit ihm den Weltraum beherrschen werden … Wir haben doch so lange gekämpft, um genau das zu verhindern. Oh, Drama!"

„Prinzess-Böhnchen, nun mach du mal kein Drama draus", gähnt Uffu, „ich wollte euch lediglich noch mal auf meinem Haarmobil mitfliegen lassen, auf ganz besondere Weise, ein letztes Mal, hm? Darum die Tüftelei."

Prinz Joscha bemüht sich um eine feste tiefe Stimme: „Das kommt gar nicht infrage, Uffu Unvernunft! Wenn wir auch nur noch ein Mal mitkommen, auch nur für einen Augenaufschlag lang, dann kommen wir von deinem Planeten Uduffu nie mehr nach Hause auf die Erde zurück. Das hat dein Vater vorausgesagt."

Doch Uffu schaut traurig drein: „Ich wollte euch nur zeigen, was mein Haarmobil jetzt noch schafft, ich bin schließlich die Tochter von einem außerirdischen Wissenschaftler …" damit zeigt sie auf den Schraubenzieher.

Joscha kann kaum wiederstehen, als Uffu die Kinder einlädt, auf ihren ausgebreiteten Haarflügeln Platz zu nehmen. Er kann dem Sog nicht standhalten und setzt sich auf einen Haarflügel, nur ein kleines bisschen möchte er dort verweilen, ein letztes Mal vor Uffus Abschied. Annabelle gerät in Panik und hat Angst um ihren Bruder, dass sie ihn für immer und ewig an den Planeten Uduffu verlieren könnte, sollte Uffu nun durchstarten. Sie stürzt auf Uffu zu, versucht ihren Bruder mit vollem Krafteinsatz an dessen Hand vom Haarflügel herunterzuziehen, als Uffu sagt: „Geh, schraub dich einen Augenaufschlag lang!", und den Touchscreen vom Wissensspeicher berührt.

Quasi im selben Moment landen die drei Kinder mit Uffus Haarmobil auf dem Dach ihres ehemaligen Kinder-Schlosses, wobei Annabelle – an Joschas Hand hängend – darauf mitgenommen wurde. Uffu fegt wie ein hellblauer Langhaar-Kobold über das Dach: „Es hat geklappt, mein Experiment hat geklappt! Papa Blubb wird stolz auf mich sein. Mein Haarflugmobil ist eben zum Haarschraubmobil geworden. Habt ihr es bemerkt? Wir sind nicht bloß auf das Dach geflogen, sondern Hubschrauber geflogen! Und das nur durch meine Spitzfindigkeit und den Schraubenzieher. Jetzt muss ich aber schnell zu meiner Familie auf Uduffu fliegen, um es ihnen zu berichten, falls sie diese Info nicht schon fernabfragen konnten. Danach kann Papa Blubb mit dem Wissensspeicher machen, was er will."

Annabelle steht aschgrau auf dem hohen Dach und schwankt: „Na ja, ein schöner … ein prima Abschied, Uffu, den du uns da bereitet hast, nach allem was wir zusammen erlebt haben!"

„Hey, Schwesterchen, bleib mal locker, das war grössomativ der beste Abschied, den Uffu uns machen konnte!", schwärmt Joscha.

„Ich habe es doch nur gut gemeint", zwinkert Uffu Joscha zu. „Ihr müsst jetzt bloß noch eure Königseltern rufen oder sonst jemanden aus dem Schloss. Man wird euch vermissen und ziemlich schnell suchen und wenn ihr von hier oben Alarm schlagt, dann habt ihr im Nu wie-

der höfischen Boden unter euren babyzarten Füßchen …
Also, es war eine Wucht mit euch, die gemeinsame Zeit.
Ach ja, und danke, dass ihr mit mir zusammen die Wissensspeicher-Diebe verfolgt habt. Das Universum wird es euch danken! Ich denke an euch."

Joscha bekommt einen kratzigen Hals: „Nun dann, machs gut! Bis zum … ach ne, nicht bis zum nächsten Mal …"

Annabelle weiß nicht, was sie tun soll, darum flennt sie einfach drauflos, als Uffu mit ihrem normalen Haarflugmobil während eines Augenaufschlags nach Uduffu entschwunden ist. Auf Nimmerwiedersehen. Auf Nimmerwiedersehen?

Nunmehr wütend rufen Annabelle und Joscha daraufhin nach ihren Eltern, damit sie sie vom Dach erlösen.

Dabei flucht Joscha: „Dieses ungehobelte Stinktier! Wie kann sie es wagen, eine waschechte Prinzessin und einen pfundskerligen Prinzen auf einem Dach auszusetzen? Unerhört!"

Annabelle ist sauer auf ihren Bruder: „Lass gefälligst Uffu aus dem Spiel!"

Joscha stülpt seine Lippen spitz vor und bringt hervor: „Schon gut … Papa König – Mama Königin …!"

# 47. Uffu fehlt und Annabelle hat eine Idee

Im Haupt-Schloss will keine gute Stimmung bei Prinzessin Annabelle und Prinz Joscha aufkommen, weil sich bei ihren Königseltern ein möglicher neuer Kinder-Haushälter nach dem anderen bewirbt, dem sich die beiden immerzu höflich vorstellen sollen. Als sie nach einem Vorstellungsgespräch wieder einmal den Salon verlassen, bollern sie durch die endlosen Flure.

„Nö, den Miesepeter will ich nicht!", fletscht Annabelle grimmig die Zähne.

Joscha kramt ein Handy aus seiner Hosentasche und spielt damit: „Ich will den auch nicht haben – schon gar nicht als Haushälter und Hausaufgabenbetreuer zusammen. Ach, Uffu, du fehlst! Hättest du nicht einfach hierbleiben und beide Aufgaben gleichzeitig machen können?"

Annabelle herrscht Joscha an: „Jetzt hör endlich auf, mit dem Handy zu spielen. Ich will nicht mehr ausspioniert werden, nie und nimmermehr! Nachher passiert uns das mit dem Handy genauso wie bislang mit Uffus Wissensspeicher. Mir reichts jetzt!"

Damit reißt sie ihrem Bruder das Handy aus der Hand und wirft es in den nächsten silbernen Abfallbehälter.

Joscha flippt aus: „Hey, was soll das? Das ist Mamas und Papas Mitbringsel für uns von ihrer langen Reise. Das ist das modernste Handy, das gerade auf dem Markt ist. Was fällt dir ein? Spinnst du jetzt total?"

„Pass auf, was du sagst!", wehrt sich Annabelle mit halber Kraft, weil sie nicht ganz bei der Sache ist.

Schließlich macht sie eine Kehrtwende, holt das Handy wieder aus dem silbernen Abfallbehälter heraus und wischt es an ihrem glitzernden Kleid ab: „Ich habe da so eine Idee …"

Dann überprüft sie, ob das Internet noch geht, und tippt eine Suchanfrage ein, während Joscha sie verblüfft beobachtet und kühle Luft durch die Zähne einzieht: „Oh!"

„Ich habs!", triumphiert Annabelle und liest ein Sucherergebnis vor: *„Haushälter-Jobbörse!* – Den Kerl suchen wir uns eben selbst aus, und zwar einen, der keine Schreckschraube wie der von eben ist und kein Langfinger wie unser guter alter Herr Schnick-Schnack!"

Joscha hält seine Schwester noch immer für durchgeknallt und kommentiert trocken: „Du glaubst also, Königin-Mama und König-Papa lassen sich von uns ihr Personal vorschreiben? Normalerweise suchen sie sich das auch nicht selbst aus. Glaubst du, die haben die Zeit dafür?"

Annabelle rutscht an der Wand herunter in die Sitzposition und grinst: „Klar!"

„Ganz klar!", hat Joscha das vorerst letzte Wort.

EINSTIEGSIMPULSE:
1. Wobei habt ihr zuletzt eure Meinung geändert? Warum?
2. Wobei wart ihr zuletzt richtig fröhlich? Wie hat es sich angefühlt?

NACHBEREITUNGSFRAGEN:
1. Warum möchte der König die Wunsch-Haushälterin von Annabelle und Joscha zunächst nicht einstellen?
2. Was macht die neue Haushälterin zur Wunsch-Kandidatin der Kinder, die sie sich sogar selbst aussuchen?

## 48. Wer wird neuer Kinder-Haushälter?

Im Salon am Hofe wird der Königsvater langsam ungeduldig und klöppelt mit den Fingerspitzen auf dem Marmor-Tisch herum: „Kinder, wann kommt endlich euer Haushälter-Bewerber? Also, lange warte ich nicht mehr und dann nehmen wir den letzten Kandidaten! Der machte mir einen gepflegten Eindruck …"

Angespannt kneifen sich Prinzessin Annabelle und Prinz Joscha gegenseitig in ihre Oberschenkel, unter der kühlen Tisch-Platte.

Der Königsvater trabt rastlos im Raum umher: „Wie konnte ich auch nur auf meine Kinder hören, ich, der König?"

Die Königinmutter erinnert ihren Gatten: „Es ist dahin gekommen, weil Annabelle und Joscha in unserer langen Abwesenheit großes Leid mit ihrem letzten Haushälter Herrn Schnick durchlebt haben und nicht nur mit ihm. Noch immer nagt an mir, was sie uns in diesem Zusammenhang gestanden haben. Nicht auszudenken, was sie angeblich alles mit dem Planetenmädchen Uffu durchgemacht haben. Wir wollten sie hinsichtlich des neuen Haushälters auch ein bisschen mitentscheiden lassen, als Entschädigung …"

„Ja, werte Gattin, ich weiß, ich weiß, aber es fällt mir nicht leicht, das zu dulden …"

Als der Königsvater im Aufbruch ist, hetzt eine zerstreut wirkende Haushälterin mit beinahe männlicher Stimme und vier Kindern im Schlepptau herein, die von einem Angestellten mit niedergeschlagenen Augen ins Schloss gelassen wurde. Sie stopft sich fahrig eine lockere Haarsträhne in ihre hochgesteckten Haare zurück.

Annabelle und Joscha fühlen sich angezogen von diesen Leuten aus dem einfachen Volk und wollen sie begrüßen.

Die Königin und der König sind äußerst unangenehm berührt und wittern – nach der Uffu-Geschichte – den nächsten Skandal in ihrem Schloss.

Die Haushälterin hält sich nicht an die Gepflogenheiten des Hofes, weil sie ihr gänzlich unbekannt sind.

Geradeheraus reicht sie dem Königspaar und den Kindern die Hand hin: „Huch, es tut mir entsetzlich leid, dass ich mich verspätet habe, aber, huch, ich hielt ihre Einladung ins Schloss für einen Witz, einen Kinderstreich. Ich habe lange mit ihren Kindern darüber am Handy geschrieben. Dann wurde mein ältestes Kind gestern Abend krank und ich musste es noch heute Morgen zum Arzt bringen, aber jetzt sind wir alle versammelt. Meine Kinder habe ich deswegen extra von der Schule befreien lassen, denn Sie müssen sie ja auch kennenlernen, wenn wir hier alle wohnen werden. Übrigens, mein ältester Sohn kann die Hausaufgabenbetreuung übernehmen …“

Der Königsvater bekommt eine tiefe Zornesfalte zwischen den Augenbrauen und ringt nach Worten: „Die Entscheidung fälle immer noch ich, Frau … Frau …?“

Annabelle prescht hervor: „Wir nehmen Sie, Frau, alle fünf, oder haben Sie auch noch einen Mann?“

Der König gerät innerlich in Wallung, doch die Königin drückt seine Hand so fest, dass es ihn durchzuckt und sich etwas, wie ein positives Gefühl, bei ihm einstellt. Wie benommen wankt er aus dem Salon.

Jetzt übernimmt die Königin die Verhandlung: „Gnädige Frau, meine Kinder möchten Sie gerne einstellen. Zu ihrem Mann kommen wir später. Sie haben Glück, am richtigen Ort zur rechten Zeit zu sein. Voraussetzung für die Anstellung ist jedoch, Sie alle lernen sich zu benehmen, so wie es sich am Hofe geziemt. Entsprechende Kleidung bekommen Sie von uns gestellt und wohnen können Sie im ehemaligen Kinder-Schloss, fällt mir gerade ein.

Eigentlich wollten wir es abtransportieren lassen, es hat uns viel Unglück gebracht in letzter Zeit. Jetzt könnte es aber noch durch Sie alle genutzt werden. Vielleicht sollten wir nur noch den Glasboden im ehemaligen Kinderzimmer-Saal durch einen Holzboden ersetzen lassen.

Ich denke nicht, dass der König Sie hier im Haupt-Schloss permanent ertragen würde. Aber wir werden so oder so nicht viele gemeinsame Berührungspunkte haben. Unser Verwalter und weiteres Personal werden sich um sie kümmern. Prinzessin Annabelle, Prinz Joscha, bitte schafft Herrn Kringel herbei! Es hat mich gefreut. Auf gutes Zusammenwirken!"

Rauschend verlässt die Königin in ihrem wallenden Kleid den Salon. Annabelle und Joscha tanzen kreischend Hand in Hand im Kreis, schließlich wollen sie die neue Haushälterin und ihre Kinder mit hineinziehen. Doch die neuen Kinder am Hofe beäugen die Prinzessin und den Prinzen zunächst naserümpfend von oben herab. Schließlich reißt die kräftige Haushälterin ihren Nachwuchs mit und es kommt zu einem solch wirbeligen fröhlichen Aufruhr, wie ihn das Schloss nur in seinen alten Tagen in Planetenmädchen Uffus Zeiten erlebt hat.

# 49. Das orangefarbene Leuchten

Abends kann Annabelle im Kinderzimmer-Saal vom Haupt-Schloss nicht einschlafen und weckt ihren Bruder Joscha: „He, du musst noch mal aufstehen und die Taschenlampenfunktion am Handy ausschalten! Es scheint orangefarbenes Licht auf die Fenster und blendet mich."

Joscha ärgert sich mit geschlossenen Augen über seine Schwester, weil sie ihn aus seinem Tiefschlaf gerissen hat: „Dann schalte es doch selbst aus, statt mich zu wecken, du Hornochse!"

„Selber Hornochse! Bin ich deine Dienstbotin? …"

„Hrrrgh, gib mal her, das Ding, faule Socke! … Es ist aus-
geschaltet! Der Akku ist leer, es kann gar nicht leuchten.
Das hättest du auch selbst feststellen können!"

Annabelle ist verdutzt: „Aber es liegt ein orangefarbenes
Leuchten auf den Fenstern. Von woher kommt es dann?"

Jetzt sieht es Joscha auch und ist verblüfft: „Es kommt
von draußen. Jemand leuchtet mit orangefarbenem Licht
in unseren Saal herein."

Prinzessin Annabelle und Prinz Joscha gehen am Fenster
nachsehen und suchen von innen nach außen – durch die
Scheiben hindurch – nach einer Lichtquelle.

„Vielleicht …", rätselt Annabelle, „… vielleicht leuchten
die Kinder unserer neuen Haushälterin mit einer Taschen-
lampe herein?"

„Nein", stellt Joscha nach einigem Nachdenken fest,
„das schließe ich aus. Es gibt keine Lichtquelle, ich kann
zumindest keine ausmachen. Vielleicht werden wir schon
wieder von irgendwem ausspioniert? Das müssen Mama
Königin und Papa König gleich morgen technisch über-
prüfen lassen."

Doch Annabelle besiegt ihr Gefühl des Unbehagens und
strahlt: „Ich habs, es kommt von unserer Freundin Uffu,
sie schickt es direkt von ihrem Planeten Uduffu zu uns
auf die Erde. Bestimmt vermisst sie uns, weil sie nicht
mehr zu uns reisen kann, seit ihr Vater den Wissensspeicher hoffentlich umgebaut und somit ein für alle Mal vor
Missbrauch durch Diebe gesichert hat."

Joscha hofft: „Vielleicht vermisst sie uns gar nicht so
sehr, denn sie ist wieder bei ihrer Familie und hat einen
frisch gebackenen Bruder, Nano."

Annabelle träumt: „Dann will sie uns eben nur zeigen,
dass sie an uns denkt. Guck, jetzt denken wir auch an sie.

Meinst du, sie wird uns jeden Abend beim Einschlafen ein orangefarbenes Leuchten auf die Erde schicken?"

„Hm", Joscha legt sich zurück in sein Himmel-Wasserbett und schaukelt etwas hin und her, sodass es leicht blubbert, „das wäre stark! …

Oder meinst du, dass Uffu heute Geburtstag hat und sich darum bemerkbar machen will? Schließlich haben wir sie auch an unserem letzten Geburtstag kennengelernt …"

Annabelle starrt auf das orangefarbene Leuchten: „Deine Logik möchte ich mal haben! Aber meinetwegen, vielleicht ist es das. Also, wollen wir ihr gratulieren?"

„Wollen wir?", setzt sich Joscha auf den Bettrand …

# 50. Eine aufregende Nachricht

Vier Jahre später.
Prinzessin Annabelle bekommt eine E-Mail geschickt, die sie in ihrem Computer abruft. Sie stammt von Tim, dem ältesten Sohn von ihrer Haushälterin.
Sie liest: „Annabelle, weißt du in wen ich verknallt bin?"
Enttäuscht schreibt sie zurück:
„Lauter gehts wohl nicht!
Bis nach den Hausaufgaben, am Treffpunkt.
Annabelle."
„Freust du dich denn gar nicht?", geht wieder eine Mail von Tim bei ihr ein, die sie nicht beantwortet.

Annabelle geht pfeifend an ihren begehbaren Schuh-schrank und sucht ihre ältesten Turnschuhe heraus. Sie überlegt, wie sie sie auf noch älter trimmen kann …

# Erfolgreich Theaterspielen und Texte lesen!

*Tanja Haase*
## 5 Mini-Theaterstücke
Modern, lebensnah und schnell umsetzbar

Die 5 Mini-Theaterstücke thematisieren aktuelle Fragen aus der Lebenswelt Ihrer Schüler. Das Rollenspiel regt die Spielfreude an und trägt zur Lösung von Konflikten bei. Regieanweisungen, kurze Inhaltsangaben und Programmzettel unterstützen Sie bei der Umsetzung.
Moderne, lebensnahe Mini-Theaterstücke –
schnell in jeder Klasse eingeübt!

Buch, 80 Seiten, DIN A4
3. und 4. Klasse
Best.-Nr. 3750

*Elke Mauritius*
## Der Lese-Führerschein
Arbeitsblätter zur Steigerung
der Lesemotivation

Jetzt werden Ihre Schüler zu kleinen Leseratten! Beim Training auf der Wort-, Satz- und Textebene gilt es, Aufgaben in ansteigendem Schwierigkeitsgrad zu meistern. Nach erfolgreich bestandener Prüfung winkt der Lese-Führerschein in Bronze, Silber und Gold. Damit auch jedes Kind die Prüfungshürden nimmt, gibt es Material für Generalproben, sich wiederholende Übungsformen und Wortmaterial. Die witzig illustrierten Arbeitsblätter können in der Freiarbeit, im Klassenverband oder als Hausaufgabe bearbeitet werden. Lösungsseiten ermöglichen eine schnelle Korrektur oder Selbstkontrolle. Das Plus für Sie als Lehrkraft: Auswertungsbögen dokumentieren den Lesestand jeden Kindes. **Vergeben Sie die Lizenz zum Lesen!**

**Der Lese-Führerschein**
Buch, 72 Seiten, DIN A4, inkl.
Klassensatz von 32 vierfarbigen
Führerscheinen
1. und 2. Klasse     Best.-Nr. 3381

**Klassensatz Führerscheine**
(zum Nachbestellen)
32 vierfarbige Führerscheine,
doppelseitig bedruckt
1. und 2. Klasse     Best.-Nr. 3382